前言

大学生是祖国和民族的未来与希望，是推动经济社会发展的重要力量，他们的健康成长与安全成才，事关国家的兴衰与繁荣，关系着社会的稳定与发展。随着我国高等教育的迅速发展，高校办学规模不断扩大，大学校园社会化现象日趋明显。危及大学生生命、财产安全的意外事故、自然灾害和恶性案件时有发生，给家庭、学校和社会蒙上了阴影，也使学生的美好前程毁于一旦。大学生的安全问题已成为了社会各界关注的焦点。因此，加强对大学生的安全教育与管理，不仅关系到师生员工的合法利益和人身财产安全，而且也是创建平安校园的前提和保障。

荀子曰："先其未然谓之防，发而止之谓之救，行而责之谓之戒。防为上，救次之，戒为下。"因此，为了加强对大学生的安全教育与管理。首先，要增强大学生遵纪守法观念和安全防范意识，提高自我保护能力。其次，让大学生有针对性地学习必要的安全知识和法律法规，掌握必备的安全防范技能。最后，通过实战演练，让大学生掌握自救自护知识，使他们能够勇敢机智地处理各种危险，果断、正确地进行自救自护。

本书针对高等学校的安全管理现状和存在的一些突出问题，注重在青年大学生中常见和可能遇到的安全事故和自然灾害的预防和处理的基础上，增加了学生应具备的急救常识、抵制校园不良网络信贷、珍爱生命远离毒品、恐怖袭击的防范与应对等安全教育内容，全方位、多角度讲解大学生学习、生活中的安全隐患以及安全防范措施。同时，书中还加入了生存与自救常识，以身边的安全事故为大家敲响安全警钟，极具说服力。另外，本书语言风趣轻松，便于学生学习与操作，具有较强的可读性和实用性。通过阅读此书，同学们可以掌握基本的安全防范技能，从而有效地防止和避免在校期间遭受各种意外伤害。特别需要指出的是，本书介绍的抵制校园不良网络信贷、珍爱生命远离毒品、恐怖袭击的防范与应对等部分内容，是高校日益突出而缺乏实际解决手段的部分，具有很大的实用价值，相信对同学们会有较大的帮助。

全书经过近一年时间的编写，共分为 4 章，全书编写过程中，编者参阅了大量的文献资料，借鉴了国内学者的一些研究成果，在此，向各位专家一并表示谢忱。本书的编写还得到了湖南环境生物职业技术学院的大力支持，学院院长左家哺教授、副院长屈中正教授就本书的编写提出了许多宝贵的意见和建议。由于编者理论修养和实践经验所限，尽管作了最大的努力，书中难免存在疏漏之处，敬请广大师生和教育界的同仁批评指正。

李　常

2016 年 6 月

目录

01

第一章
学生必备的急救常识

DA XUE SHENG AN QUAN YING JI SHOU CE

第一节　急救电话

一、110 报警电话

学生一旦发现刑事、治安案(事)件以及危及公共与人身财产安全的案(事)件时，应及时报警。

(1)学生在在校学习、实习和日常生活中，遇到斗殴、盗窃、抢劫、强奸等刑事、治安案(事)件，应立即报警。若情况紧急，无法及时报警，则应在制服犯罪嫌疑人或脱离险情后，迅速报警。

(2)学生在在校学习、实习和日常生活中，发生溺水、坠楼、自杀等状况，或处于孤立无援状况，水、电、气、热等公共设施出现险情，威胁公共安全、人身或者财产安全和工作、学习、生活秩序，均可拨打 110 报警。

应急要点：

(1)110 免收电话费，投币、磁卡电话等公用电话和手机均可直接拨打。请在手机信号较强的位置报警，以保证通话质量。

(2)拨通 110 后，会听到中英文语音提示："您好，110 报警服务台。"然后会有接警员受理你的报警求助。

(3)保持冷静，不要慌乱，简明扼要地讲述案情，说清歹徒的人数、特征，携带什么凶器，乘坐什么交通工具；如果是求助，要说清楚求助的原因，并配合接警员的提问。

(4)报警时要告知接警员你所在的确切时间、方位、地名和联系方式，越详细越具体越好。如对案发地不熟悉，可报现场附近具有明显标志的建筑物、大型场所、公交车站、单位名称等。

(5)在等候民警的过程中，保持电话畅通，以便警方随时与你联系，并在约定的地点等候，看见民警后请主动招呼。

(6)无特殊情况，报警后应在报警地等候，主动与赶到的民警取得联系，详细介绍情况，并积极协助警方开展调查工作。有案发现场的，要注意保护，不要随意翻动。除了营救伤员，不要让任何人进入。

(7)实施正当防卫时，应避免防卫过当行为。

二、119 火警报警电话

发现火情及时拨打火警 119，119 还参与其他灾害或事故的抢险救援工作，包括：各种危险化学品泄漏事故；水灾、风灾、地震等重大自然灾害；建筑物倒塌事故；学生遇险等。

应急要点：

(1)119 免收电话费，投币、磁卡电话等公用电话和手机均可直接拨打。请在手机信号较强的位置报警，以保证通话质量。

(2)拨打 119 时，必须准确报出失火方位。如果不知道失火地点名称，也应尽可能说清楚周围明显的标志，如建筑物等。

(3)尽量讲清楚起火部位、着火物质、火势大小、是否有人被困等情况，同时应派人在主要路口等待消防车。

(4)报出报警人姓名及所用电话的号码，便于消防部门电话联系以及时了解火场情况，调集灭火力量。

(5)在消防车到达现场前应设法扑灭初起火灾，以免火势扩大蔓延。

三、122 交通事故报警服务电话

学生发生交通事故或交通纠纷，可以拨打 122 或 110 报警电话。

应急要点：

(1)122 免收电话费，投币、磁卡电话等公用电话和手机均可直接拨打。请在手机信号较强的位置报警，以保证通话质量。

(2)拨打 122 时，必须准确报出事故发生的地点及人员、车辆伤损情况。在交通警察到达现场前，应注意保护现场。

(3)双方认为可以自行解决的事故，应把车辆移至不妨碍交通的地点协商处理；其他事故，需变动现场的，必须标明事故现场位置，把车辆移至不妨碍交通的地点，等候交通警察处理。

(4)遇到交通事故逃逸车辆，应记住肇事车辆的车牌号，如未看清肇事车辆车牌号，应记下肇事车辆品牌车型、颜色等主要特征。

(5)交通事故造成人员伤亡时，应立即拨打120急救求助电话，同时不要破坏现场和随意移动伤员。

四、120医疗急救求助电话

如果学生意外受伤或突发疾病，而又无法自行前往医院救治，可拨打120急救求助电话。

应急要点：

(1)120免收电话费，投币、磁卡电话等公用电话和手机均可直接拨打。请在手机信号较强的位置拨打，以保证通话质量。

(2)拨通120之后，应说清病人所在方位、年龄、性别和病情。如果不知道确切的地点，应说明大致的方位。

(3)尽可能说明病人典型的发病表现，如胸痛、意识不清、呕血、呕吐不止、呼吸困难等。

(4)尽可能说明病人患病或受伤的时间。如果是意外伤害，要说明伤害的性质，如触电、爆炸、塌方、溺水、火灾、中毒、交通事故等，并报告受害人受伤的身体部位和情况。

(5)尽可能说明病人的特殊需要，并了解清楚救护车到达的大致时间，准备接车。

(6)如果了解病人的病史，在呼叫急救服务时应提供给急救人员参考。

第二节 现场救护遵循的基本原则

现场救护是指学生因各种原因而致伤的伤员，在事发当时得不到必要的医疗时，临时采取相应的紧急行动，因地制宜而进行的抢救治疗。这类适时行动可能会成为当事人能否幸存下来的关键。学生要掌握这种自救互救的方法，以挽救伤员的生命。现场救护的基本方法有通气、止血、包扎、固定和搬运五个方面。

一、现场救护的基本原则

(1)先抢后救，脱离险境：一般情况下，伤员不要轻易搬运。但在有火险、毒气等情况下，要先让伤员脱离险境，再实施救护，保障伤病员处在安全的救护环境中。如果现场环境不安全，救护人员不要贸然进入，要有防范意识，并注意自身的生命安全。

(2)先急后缓，救命第一：在大量伤病员同时出现时，对心跳呼吸停止、大出血、开放性气胸等伤员，要先实施救护，以救命为第一目标。

(3)先重后轻，减轻伤残：在处理好急症伤病员后，对肠管膨出、脑膨出、开放性骨折等重伤员也要给予及时的救护。对疑有颈椎、脊柱骨折的伤员，严禁拖、拉、抱、背。

(4)先近后远，争取时间：在事发现场，在同等情况下，参加救护的人员要先救护近处的伤员，不要舍近求远而耽误了救护的时间。

二、现场救护的基本顺序

(1)现场呼救：利用附近的电话向公安、交通、医疗救护部门呼救。也可拦截过往车辆求救。就近向工矿企业、部队、机关等单位紧急求援。

(2)现场抢救：遇伤员被挤压、夹嵌在事故车辆内的，不要生拉硬拖，而应用机械拉开或切开车辆，再救出伤员。遇车辆压住伤员，不要轻易开动车辆，应用顶升工具(如千斤顶等)或者发动群众抬起车辆，再救出伤员。

(3)现场急救：伤员救出后，应对其进行必要的检查和急救，再转送医院。

三、现场救护的要求

1. 机智、果断

发生伤亡或意外伤害后4~8分钟是紧急抢救的关键时刻，失去这段宝贵时间，伤员或受害者的伤势会急剧变化，甚至发生死亡。所以要争分夺秒进行抢救，冷静科学地进行紧急处理。发生重大、恶性或意外事故后，当时在现场或赶到现场的人员要立即进行紧急呼救，并向有关部门拨打呼救电话，讲清事发地点、简要概况和紧急救援内容，同时要迅速了解事故或现场情况，机智、果断、迅速和因地制宜地采取有效应急措施和安全对策，防止事故、事态和当事人伤害的进一步扩大。

2. 及时、稳妥

当事故或灾害现场十分危险或危急，伤亡或灾情可能会进一步扩大时，要及时稳妥地帮助伤(病)员或受害者脱离危险区域或危险源，在紧急救援或急救过程中，要防止发生二次事故或次生事故，并要采取措施确保急救人员自身和伤病员或受害者的安全。

3. 正确、迅速

要正确迅速地检查伤(病)员、受害者的情况，如发现心跳或呼吸停止，要立即进行人工呼吸、心脏按摩，一直要坚持到医生到来；如伤(病)员和受害者出现大出血，要立即进行止血；如发生骨折，要设法进行固定等。医生到后，要简单反映伤(病)员的情况、急救过程和采取的措施，并协助医生继续进行抢救。

4. 细致、全面

对伤(病)员或受害者的检查要细致、全面，特别是当伤(病)员或受害者暂时没有生命危险时，要再次进行仔细检查，不能粗心大意，防止临阵慌乱、疏忽漏项。对头部伤害的人员，要注意跟踪观察和对症处理。

在给伤员急救处理之前，首先必须了解伤员受伤的部位和伤势，观察伤情的变化。需急救的人员伤情往往比较严重，要对伤员重要的体征、症状、伤情进行了解，绝不能疏忽遗漏。通常在现场要作简单的体检。

现场简单体检的内容如下：

(1)心跳检查。正常人每分钟心跳为60~80次，严重创伤，失血过多的伤员，心跳增快，且力量较弱，脉细而快。

(2)呼吸检查。正常人每分钟呼吸数为16~18次，重危伤员，呼吸变快、变浅、不规则。当伤员临死前，呼吸变得缓慢、不规则，直到呼吸停止。通过观察伤员胸廓起伏可知有无呼吸。有呼吸极其微弱，不易看到胸廓明显的起伏，可以用一小片棉花或薄纸片、较轻的小树叶等放在伤员鼻孔旁，看这些物体是否随呼吸飘动。

(3)瞳孔检查。正常人两眼的瞳孔等大、等圆，遇光线能迅速收缩。受到严重伤害的伤员，两瞳孔大小不一，可能缩小或放大，用电筒光线刺激时，瞳孔不收缩或收缩迟钝。当其瞳孔逐步散大，固定不动，对光的反应消失时，伤员便是死亡。

(4)人体的正常值如下：

体温：腋下36～37℃。心搏频率(一般情况同脉搏)：60～80次/分钟。呼吸频率：16～18次/分钟。血压：舒张压60～90mmHg(8～12kPa)，收缩压90～140mmHg(12～16kPa)。日细胞计数：(4～10)×10g/L。嗜中性粒细胞：0.50～0.70(50%～70%)。血红蛋白：男，120～160g/L；女，110～150g/L。红细胞沉降率：男，0～15mm/小时；女，0～20mm/小时。

第三节 急救术

一、人工呼吸术

人工呼吸，用于自主呼吸停止时的一种急救方法。通过徒手或机械装置使空气有节律地进入肺内，然后利用胸廓和肺组织的弹性回缩力使进入肺内的气体呼出。如此周而复始以代替自主呼吸。人工呼吸术对于外伤、触电、溺水、中暑或中毒等意外事故引起的呼吸骤停的抢救非常重要。

常用的人工呼吸术有：

1. 口对口人工呼吸术

伤病员平卧，头部尽量后仰，清理口鼻内的呕吐物、泥沙、血块，松开衣领、裤袋、内衣等，保持呼吸道通畅。急救者一手托起伤病员下巴，另一手捏住伤病员的鼻孔以防气体由鼻孔逸出。急救者先深吸一口气，然后对准伤病员的口腔，用力吹气。吹气后，听有无回气声，如有回气声，即表示气道通畅，可再吹气。吹完一口气后，要放松病人鼻孔，让其“呼”气。这样一口一口地有规律地吹入，每分钟 16～20 次，直到伤病员恢复自主呼吸或确诊死亡为止。

2. 口对鼻吹气法

如果遇到伤病员牙关紧闭，张不开口，无法进行口对口人工呼吸时，可采用口对鼻吹气法。口对鼻吹气法与口对口吹气法基本相同，只是将气由伤病员的鼻孔吹入，同时将伤病员的嘴捏紧，防止漏气。在进行口对鼻吹气前，先要将伤病员鼻内污物清除干净，以防止阻塞气道。实施口对口及口对鼻吹气法时，最好能用纱布或手帕将伤病员的口或鼻隔开，避免急救者口与伤病员的口鼻直接接触。

3. 仰压式人工呼吸法

伤病员仰卧，背部垫枕，使肩部略低，头偏于一侧。急救者跨于伤病员两股外侧或位于患者一侧，屈曲两肘关节，将两手横放在肋弓上部，手指自然分布于肋部肋骨上，拇指向内。将体重支于两手，使身体向前逐渐加压于胸部。2 秒后放松两手，急救者直跪起，经 2 秒后，再按上述方法反复施行。每分钟按压 18~24 次为宜。

4. 俯压式人工呼吸法

伤病员俯卧，一臂伸于头前，一臂屈曲垫于面下，头侧向一方。急救者跨跪于患者两腿外侧，以掌压于伤病员下背部。手指自然放在肋骨上，小指置于最低肋骨处。急救者两臂垂直，使身体徐徐前倾，以身体重力逐渐加压于伤病员，至急救者两肩与掌垂直为宜，保持此姿势 2 秒。将身体逐渐退回原姿势，使压力放松，经 2 秒后，再如上述方法反复施行，每分钟 18~24 次。此法适用于呼吸道分泌物较多，而不能及时加以吸引清除的患者。

二、保持呼吸道畅通术

呼吸系统阻塞的标志是呼吸嘶鸣声或面色青紫。发生呼吸道异物阻塞，伤病员会出现剧烈的刺激性咳嗽和反射性呕吐，声音嘶哑，无法完整、清楚地表达想说的话；被较大异物堵塞喉部、气管时，病人会出现脸色和嘴唇发紫、呼吸困难等症状，可能很快就会呼吸停止。

1. 引发呼吸系统阻塞的主要原因

(1)血、水、呕吐物、牙齿(包括义齿)等异物阻塞上呼吸道；

(2)烟、气或火造成气管灼伤；

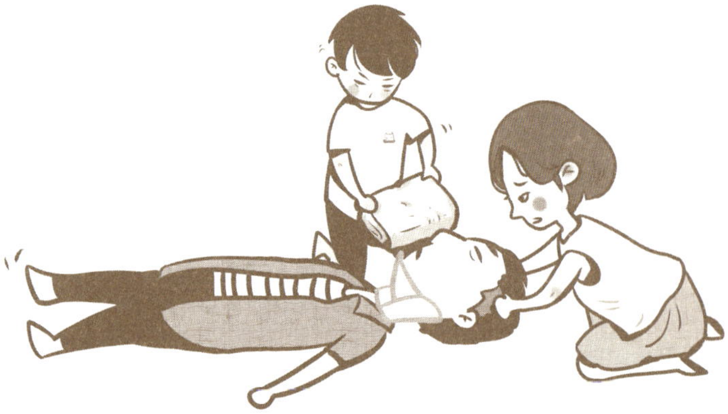

（3）颈部受伤。

呼吸受阻极其危险。如果一个人缺氧时间达 4 分钟，他的大脑将受到永久性损伤。因此，你必须使伤员尽快恢复呼吸。如果伤员呼吸受阻，即便你正在处理他的伤口，他仍然随时都可能死亡。

2. 应急救助方法

解开伤员上衣的第一粒纽扣，检查伤员的嘴，掏出阻塞其咽喉的物体。有时伤员的舌头也会翻卷过来，堵塞喉咙。这时，你应使其仰卧，头仰向正后方。

救护者可站在伤员身后，用双手抱起伤员的腰部，一手握拳，拇指的一侧抵住伤员的上腹部剑突下、肚脐稍上处，另一只手压住握拳的手，两手用力在伤员腹部做快速向内向上的挤压动作。

如果伤员昏迷，首先检查他们是否停止呼吸。如果需要，应立即进行人工呼吸，检查伤口及流血情况，尽快查出昏迷原因。如果伤员呼吸正常，似乎也无脊椎受伤的症状，检查口部有无阻塞物，处理流血不止的伤口，把他按恢复态放置，你只需轻轻让伤员侧躺，通常抓住髋部衣服会更容易做到。这样任何从胃部或鼻腔中流出的液体或呕吐物不会堵住气管或吸入肺部，舌头也不会后坠堵住气管。

三、止血急救知识

止血急救，在这里是指对人体中大血管破损的处置。无论是动脉或静脉，一旦破损出血都十分危险。如果出血不能及时制止，便会造成休克并危及生命。

血液对于人的正常生理非常重要。成年人正常时全身的血液占体重的8%。当伤口小、出血量少时，伤者全身情况无明显变化；当损伤失血量超过总血量的20%时，就会出现脸色苍白，手脚发凉，脉搏细弱等休克症状；当出血量达到总血量的40%时，病人就会有生命危险。

外伤发生后，失血的速度越快，对人的生命威胁越大。几分钟内失血1000毫升就可致命。所以，在急救现场根据伤口的部位、大小、深度以及出血的颜色、速度，迅速判断出血的性质，决定止血方法，是挽救伤员生命的关键。如果伤口内随心跳节律一股股喷射出鲜红色的血液，这种情况为动脉出血；如果伤口内出血较慢，血液暗红，持续涌出则为静脉出血。以下介绍的是现场急救中外出血的止血方法。而脏器破裂造成的内出血必须经医院手术治疗。

1. 直接压迫止血法

在野外发生意外伤害，如果伤口不大且为表浅，血液流出速度缓慢，可直接用干净柔软的敷料或手巾压在伤口上止血。如果出血仍不能制止，可在出血部位上用手直接压迫血管止血，也可以用布带勒紧止血。

2. 抬高肢体止血法

当手臂或腿部严重出血，如无骨折征兆，应将出血部位抬高超过伤员心脏，这样可以降低伤口处的血压，减少出血。抬高止血法是压迫止血的补充，多数情况下，两者结合使用能止住严重出血。必要时，用手同时压迫供血动脉辅助止血。

3. 压迫供血动脉止血法

在现场急救中最快速、最有效的止血法是指压动脉止血法。如果伤员手臂或腿部严重出血，用直接加压抬高止血的方法仍不奏效，就需采用压迫供血动脉止血法。此法根据人体主要动脉的体表投影位置，用单个或多个手指向骨骸方向加压，以压闭动脉来止住伤口的大量出血，指压止血只要摸准位置，压迫力度够，就能起到立竿见影的止血效果。压迫点止血是暂时压住向受伤部位供血的主动脉。在实施此止血法时，应与直接压迫止血和抬高止血法结合，三者结合使用，使用时不要过久，以需要为限。如果再次出血，可继续在压迫点加压。此法的缺点是效果有限不能持久，但是在发生大量出血时能为寻找急救材料或使用其他止血方法赢得时间。

四、四肢骨折急救知识

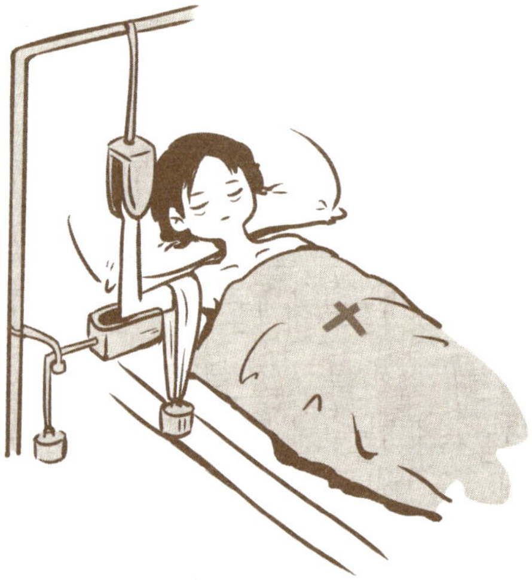

骨折损伤，有时会因骨折断端刺伤或压迫外周神经及动、静脉血管而造成严重后果。严重的骨折虽可能导致重伤，甚至死亡，但处置方法得当则可令伤员完全恢复。其症状是：轻压受伤部位或移动伤员时，有剧烈的疼痛感，且受伤部位肿大。

在搬运骨折伤员前，必须要先固定伤员的骨折部位。这样做可防止断裂骨头的尖锐部分移动，以免进一步损伤肌肉、血管和神经，并有效减缓伤痛。此外，就可预防闭合性骨折变为开放性骨折。

1. 骨折的种类

(1)开放性骨折，通常伴随流血。这种骨折不仅骨头断裂，且断裂的骨头刺穿皮肤，伤及肌肉。

(2)闭合性骨折，通常不伴随流血。这种骨折虽然骨头断裂，但未刺穿皮肤。骨折部位的肌肉可能会有损伤，出现红肿。

2. 对骨折急救处理措施

(1)寻找代用品。在出现骨折时，需要固定伤肢，如现场不具备医护条件，可就地取材寻找代用品，用木棍、树枝、竹板、硬纸板或者书本等物替代夹板。绷带可以用绳子、布条、腰带以及围巾等替代。

(2)固定伤肢。上夹板时应注意固定两端关节，避免转动骨折肢体。在固定夹板和骨折部位之间应放置垫子。固定伤肢的木板及其他材料长度，一般要超过损伤部位上、下两个关节，关节必须要绑扎，以保证骨折部位不再有活动余地。绑扎时应注意松紧适度，以免造成伤处血液循环障碍。

(3)外伤骨折时，首先应进行止血包扎，并应间断放松止血带，以防肢体坏死。

(4)急救后应尽快送医院治疗。

3. 固定伤肢时的注意事项

(1)夹板的长短、宽窄要根据骨折部位的需要来决定，主要是长度必须超过折断的骨头。没有夹板时，薄木板、竹竿、木棍等都可替代。

(2)使用夹板或代用品时，要用棉花、布片或衣服等缠绕，以免夹伤皮肤。

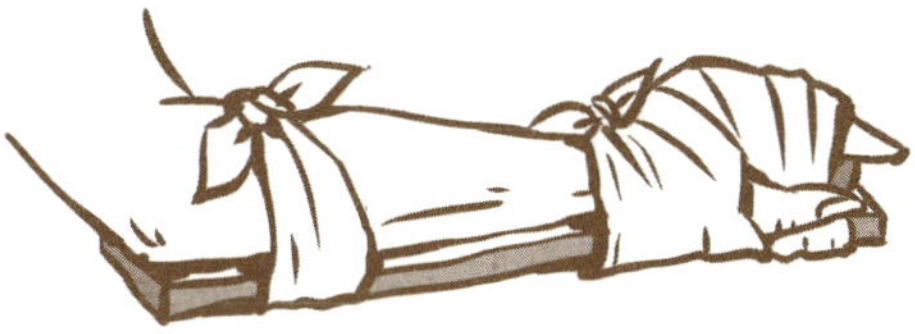

(3)发现骨折要立即就地处理。先用手握住折骨的两头，轻轻地顺着骨头牵一牵，避免断头互相交错，然后再上夹板。

(4)绑夹板时不能绑在骨折的地方，要绑在折骨的上下两头，先绑下面，再绑上面。

(5)夹板既不能绑得太紧，也不能绑得太松，如果看出骨折部位的皮肤发紫或摸着发凉，说明绑得太紧，影响血液流动，要赶快松一点。

五、伤口的包扎

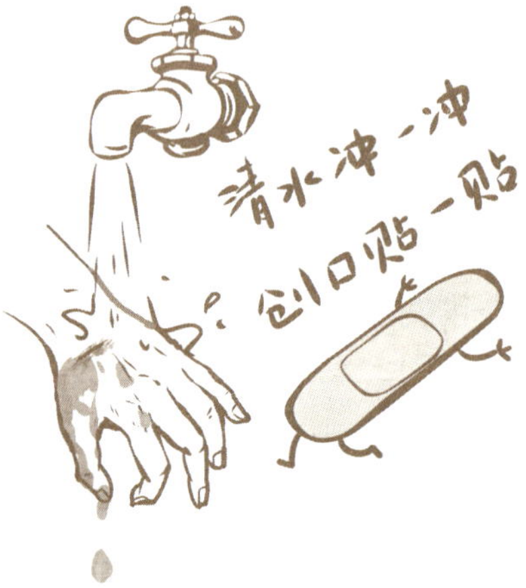

1. 伤口的处理

最重要的是保持伤口干净。需要做的是：

(1)将伤口处的衣服移开或剪掉。

(2)将伤口周围洗干净。

(3)对伤口处进行冲洗，不要擦洗，如果没有大量干净水，可用新鲜的尿对伤口进行冲洗，尿是无毒的，但放置一段时间就会有毒。

伤口是细菌侵入人体的门户，如果伤口被细菌感染，就可能引起化脓并发生败血症、破伤风等，严重影响并损害健康，甚至危及生命。所以在救护现场，如果并没有条件做清洗伤口手术，一定要先进行包扎，这样可以达到压迫止血、减少感染、保护伤口和减轻疼痛的目的。

2. 常用的包扎方法

常用的包扎方法有绷带包扎和三角巾包扎。

（1）绷带包扎。绷带绑扎是用途最广、使用最方便的包扎方法，根据绷带的缠绕方式，可分为环形包扎、蛇形包扎、螺旋包扎、螺旋反折包扎等。这里介绍一下环形包扎。

环形包扎指绷带作环形重叠缠绕。用在胸部、腹部、手腕等粗细大致相同的部位。为了便于固定绷带，使之不致滑脱，第一圈可以稍斜，第二、第三圈环形，并把斜出圈外的绷带尾部平均剪开，先打半结，绕一圈后，再将两尾用活结结扎。

（2）三角巾包扎。三角巾包扎是广泛应用于较大面积创面的一种包扎方法。所谓三角巾，就是把一块方巾对角剪开，形成两块三角巾，可以适用各种部位的包扎。三角巾包扎时要做到：边要固定、角要拉紧、中心伸展、消毒纱布要贴实，否则会影响包扎的质量。三角巾包扎分为头部包扎、面部包扎、胸背部包扎、手足包扎几种。这里只介绍头部包扎和手足包扎两种。

a. 头部包扎　先沿三角巾的长边折叠两层（约两指宽），从前额包起。把顶角和左右两角拉到脑后，先作一个半结，将顶角塞到结里；然后再将左右角包到前额作结。也可以把三角巾的顶角放在鼻尖，底边放在脑后，把左右两角拉到前额作结，再把顶角翻固定。

b. 手足包扎　把手指、脚趾固定在三角巾的顶角部位，把顶角向上折，包在手背或足背上面；然后把左右两角交叉，向上拉到手腕或脚踝的左右两面缠绕作结。

六、关节扭伤的处理

扭伤是学生运动中常见的一种伤害，往往发生在脚踝部位，虽然不是大的伤害，但会妨碍学生的行走。而伤者本身，一是非常痛苦，二是处理不当可能会恶化伤情。

一般来说，关节扭伤部位大部分是足踝，极少是手腕；一旦受伤，按下列方式处理：

(1)伤口要及时处理。如果伤口有泥土、小沙子，用清凉的饮用矿泉水冲洗，如有出血，应立即用干净手帕或毛巾压迫出血。

(2)关节不慎扭伤后，切忌立即搓揉按摩，对扭伤部位还要及时做冷敷处理，冷敷时可用冰冻矿泉水，或冰块，棒冰碎块都可以。持续时间为 15 分钟左右，冷敷后要进行包扎。

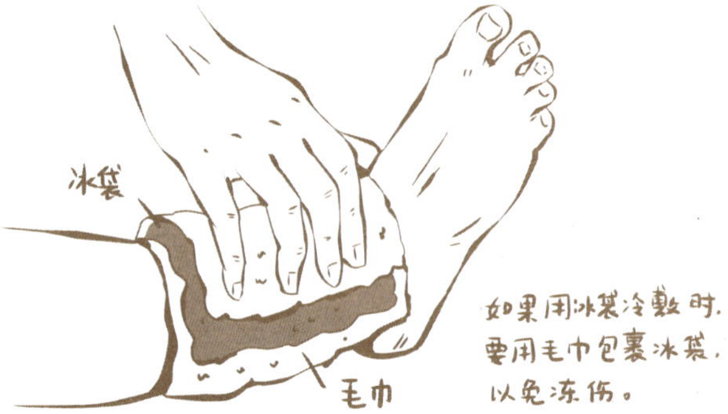

(3)包扎时应用绷带或干净的手帕、布条，也可就地取材用活血、散瘀、消肿的中药材外敷包扎。

(4)情况严重的，应立即送医院。

七、伤员的搬运

1. 担架搬运

在野外环境里，如果需要将伤员运至医院或可对其实施进一步救助的地点，则需自制一副担架。担架的材料可以是门板或树枝等物。自制的担架应尽量使伤员感觉舒适，并便于抬运。

2. 徒手搬运

a. 肩扛　如无方便材料制作担架，则需徒手搬运伤员，最可行的方法是肩扛。具体方法是：抱住伤员让伤员靠在你的膝盖上，拖住伤员的腋下，将他扶起，并使其保持平衡；然后，抓住伤员的右臂把你的头埋在伤员的胸前，以左手抓住其左膝，将伤员举至你的肩部。

b. 抬　两人手臂交叉，让伤员坐在交叉的手臂上，这是短距离搬运腿部或脚步伤员的最佳方式。

c. 背　将伤员尽可能高地背在背上。此法简单易行，但需有人扶住伤员，帮你将伤员扛上后背。

d. 扶　此法主要适用于可自行行走的伤员。

e. 拉　仅用在车祸发生现场，且伤员无法从车中出来时，采用此法，应注意伤员的上体不能有伤。

02

第二章 学生活动中常见安全事故的处理

DA XUE SHENG AN QUAN YING JI SHOU CE

第一节　交通事故的预防与处理

交通事故是指车辆驾驶人员、行人、乘车人，以及其他在道路上进行与交通有关活动的人员，因违反《中华人民共和国道路交通管理条例》和其他道路交通管理法规、规章的行为过失造成人身伤亡或者财产损失的事故。

一、交通事故的危害

高等学校学生非正常死亡人数中，交通事故死亡占有一定的比例。汽车是现代重要的交通工具，人们在享受汽车带来的方便、快捷的同时，也不得不面对交通事故带来的困扰。车祸，现在已成为人类第一杀手。一百多年来，全世界葬身于车轮之下的人数已达4000万，超过了第二次世界大战期间死亡人数，而且还在以每年40万人的速度递增，因此，人们称交通事故是马路上的战争。

在城市交通事故中，绝大多数是机动车撞到骑车人和行人，从而导致骑车人和行人死亡。因此，在交通行车、行人过程中，同汽车、机动车相比较，骑车人、行人总是处于交通弱者的地位。高校大学生作为社会的组成部分，同样不可避免地受到了交通事故的困扰。

【案例一】

某高校研究生谭某(男，22 岁)到同学处玩，在骑自行车返回本校途中，某建筑公司解放牌大货车带挂车由后面驶来，驾驶员鸣笛示意超越。由于前方道路右侧堆放大量木料占据路肩，谭某听到鸣号后未予理会，继续行驶并发生摇晃，当自行车与汽车齐头时，前轮偏转与汽车右前轮发生刮擦，骑车人倒入汽车与挂车之间，被挂车右前轮碾压头部，当场死亡。

分析：机动车在其正确行驶路线上比非机动车有“先行权”，自行车在遇前方路障需要绕行占道时，一定要主动避让机动车，那种“反正你不敢轧我”的侥幸心理和故意不让车，与机动车争道抢行是非常错误的，也是造成这起事故的主要原因。

【案例二】

某高校 6 名学生相约一起外出郊游，沿途嬉笑打闹、互相追逐。途中马某某(男，19 岁)加速骑车超越前方骑车的同学，由于骑驶不当，在超车过程中自行车后轮挂住了被超自行车的左侧脚架，自行车当即失去平衡，发生摇晃，偏向路中，此时恰巧一辆拖拉机迎面驶来，自行车前轮与拖拉机前端碰撞，马某某被撞倒，被拖拉机左前轮碾压，当场死亡。

分析：这几个同学在紧张学习之余外出轻松一下本属正常，但在行驶过程中违反了骑车人“不准扶身并行、互相追逐或曲折竞驶”的规定，以至发生事故。

【案例三】

某高校学生陈某(男，21 岁)骑车进城购物。行至下坡路处，敞开滑行。这时对面驶来一辆东风牌大货车，驾驶员发现自行车速度很快，骑车技术看似不太熟练(左右摇晃)，急忙鸣喇叭并靠右停车。骑车人听到汽车喇叭声后，急忙捏车闸，发现车闸失灵，忙伸出右脚蹬踏车轮圈。由于骑车人在高速行驶中采取上述措施，造成自行车左右摇晃厉害，迎面撞上已停靠路右边的汽车左前端，造成重伤，在医院抢救无效死亡。

分析：自行车闸有效是确保骑车安全的一项重要措施。每次骑车前都应检查一下车闸是否有效，平时若发现车闸不灵应及时修理。这起事故是因车闸发生故障继续违章行驶造成的。自行车下坡敞开滑行，本已很危险，又遇途中车闸失灵，前方又有汽车驶来，更是险上加险。骑车人不是迅速下车，而是用脚拍蹬自行车后轮，企图使车闸恢复正常，结果导致与汽车相撞。这个教训是非常深刻的。

此外，因横穿马路不慎被机动车撞伤撞亡者更是不计其数。

所以，避免交通事故，维护交通安全，不仅仅是交通管理部门的事，每一个机动车、非机动车驾驶员、行人、乘车人都应自觉遵守交通法规，文明行车、行路，确保交通安全。

二、预防交通事故发生，确保交通安全

最根本的原则是遵守交通法规。主要是《中华人民共和国道路交通安全法实施条例》(以下简称《条例》)。

1. 骑自行车的交通安全

据有关单位不完全统计，高校发生的与自行车有关的交通事故占高校发生的交通事故总数的60%~70%，对此必须给予高度重视。

《条例》第72条规定，在道路上驾驶自行车、三轮车、电动自行车、残疾人机动轮椅车应当遵守下列规定：

(1)驾驶自行车、三轮车必须年满12周岁；

(2)驾驶电动自行车和残疾人机动轮椅车必须年满16周岁；

(3)不得醉酒驾驶；

(4)转弯前应当减速慢行，伸手示意，不得突然猛拐，超越前车时不得妨碍被超越的车辆行驶；

(5)不得牵引、攀扶车辆或者被其他车辆牵引，不得双手离把或者手中持物；

(6)不得扶身并行、互相追逐或者曲折竞驶；

(7)不得在道路上骑独轮自行车或者2人以上骑行的自行车；

(8)非下肢残疾的人不得驾驶残疾人机动轮椅车；

(9)自行车、三轮车不得加装动力装置；

(10)不得在道路上学习驾驶非机动车。

2. 行人交通安全

《条例》第74条规定，行人不得有下列行为：

(1)在道路上使用滑板、旱冰鞋等滑行工具；

(2)在车行道内坐卧、停留、嬉闹；

(3)追车、抛物击车等妨碍道路交通安全的行为。

《条例》第 75 条规定，行人横过机动车道，应当从行人过街设施通过；没有行人过街设施的，应当从人行横道通过；没有人行横道的，应当观察来往车辆的情况，确认安全后直行通过，不得在车辆临近时突然加速横穿或者中途倒退、折返。

《条例》第 76 条规定，行人列队在道路上通行，每横列不得超过 2 人，但在已经实行交通管制的路段不受限制。

3. 乘车人交通安全

《条例》第 77 条规定，乘坐机动车应当遵守下列规定：

(1)不得在机动车道上拦乘机动车；

(2)在机动车道上不得从机动车左侧上下车；

(3)开关车门不得妨碍其他车辆和行人通行；

(4)机动车行驶中，不得干扰驾驶，不得将身体任何部分伸出车外，不得跳车；

(5)乘坐两轮摩托车应当正向骑坐。

有下列情况不应乘车，以免发生危险：

第一，发现车辆破损，声音异常时；发现驾驶员精神状态不佳、酒后驾车时；发现车辆不正常运行、客货混载、违章超载时；发现客车有其他违反操作规程时。

第二，恶劣天气如大风、大雨、大雾、大雪不坐汽车长途跋涉。

第三，病中无人陪伴不要乘车。

在大学校园内，已多次发生交通死伤事故。机动车驾驶员在校园内要缓速行车，骑车人、行人要主动避让机动车。骑车人相对行人是强者，要严格遵守校园内交通规定，不强行，不超速行驶，不双手离把，不追逐曲行，不猛拐弯，以有效避免交通事故的发生。

三、发生交通事故的应急办法

遇到交通事故发生，不要慌乱，要沉着冷静。

(1)遇到交通事故发生，不要慌乱，要沉着冷静，要保护自己，看有无受伤。如果有伤要立即拦车、打的到附近医院救治。同一起事故中有多人受伤，自己属于轻伤的，要帮助别人；自己属于重伤的，要求助别人，共同脱离危险。

(2)要立即向公安机关报告。校外可拨打“122”交通报警，校内要向保卫处报告，由学校配合公安部门进行处理。

(3)要保护好交通事故现场。在公安部门和学校保卫处未到达现场之前，要尽量保护好现场，如果是机动车，要记住肇事车辆车牌号，防止对方逃逸。

第二节　溺水事故的预防与处理

炎炎夏日，是造成溺水事故的多发季节。近年来，溺水事故已成为广大学生非正常死亡的主要原因之一。

一、溺水事故的类型

大学生溺水的情形主要包括以下五种：

(1)会游泳的学生，由于天气炎热，在满身大汗或毛孔完全张开的情况下急于下水，造成抽筋、无法动弹而溺水。

(2)到深水区游泳，因体力不支无法游到岸边而溺水。

(3)因自身游泳技术不高或方法不对而去救同伴，而被原先的落水者抱紧不能脱身而溺水。

(4)不会游泳者因划船或竹排出现翻船事故而溺水。

(5)在河边嬉戏玩耍不慎落入水中而溺水。

二、溺水事故的预防

1. 树立安全意识

每当夏天游泳季节来临，学校班主任老师和家长都应告知学生野外游泳的危害，使学生树立安全防范意识，珍爱生命，预防溺水事故发生。

2. 加强教育管理

学校和家长密切配合，制定切实可行的行为规范，落实管理措施，严禁学生到偏远的山泉、溪流、峡谷或有急流、漩涡等水情复杂的地方游泳，也不要到江、河、湖、海、水库等大面积水域游泳，特别是不能在狂风、暴雨的天气游泳。

3. 加强游泳技能的培训

有人说会游泳的人，会多半条命。人们只有真正掌握了游泳技能，才能有效地预防溺水。有条件开展游泳培训的学校一定要使学生学会游泳，并且要熟练地掌握；不具备条件的学校，学生家长可根据情况培训教育自己的孩子。

三、溺水事故的处理

(1)及时呼救：遇到危险或意外时应迅速、及时发出求救信号，以取得别人的救助。

(2)争取时间：时间就是生命，危急关头要保持镇静，在水中尽量采用仰卧位，呼吸要做到深吸、浅呼，争取更多时间等待获救。

(3)靠岸意识：在有能力的情况下，努力向岸边靠拢，靠岸越近，获救的机会越高。

四、专家提醒

倡导见义勇为，更希望见义智为。遇到有人溺水时，必须运用最安全的方法救援，如果能在岸上施救的，决不要下水去救，如能用器材去施救的，决不要徒手去救。不论使用哪种救生方法，都要先保障自身安全，这样才能达到救助别人的目的，千万不要演变成“人溺已溺”的悲剧。

(一)牢记“四不一会”要求

不私自下水游泳，不擅自与同学结伴游泳，不到无安全保障的水域游泳，不在江(河)、池塘戏水玩耍，学会基本的自护、自救方法。

(二)如何预防溺水事故发生

(1)不要独自一人外出游泳，更不要到不知水情或比较危险且易发生溺水伤亡事故的地方去游泳。选择好的游泳场所，对场所的环境，如水库、浴场是否卫生，水下是否平坦，有无暗礁、暗流、杂草，水域的深浅等情况要了解清楚。

(2)必须在家长、老师或熟悉水性的人的带领下去游泳，以便互相照顾。

(3)要清楚自己的身体健康状况，平时四肢就容易抽筋者不宜游泳或不要到深水区游泳。要做好下水前的准备，先活动活动身体，如水温太低应先在浅水处用水淋洗身体，待适应水温后再下水游泳。

(4)对自己的水性要有自知之明，下水后不要逞能，不要贸然跳水和潜泳，更不要互相打闹，以免喝水和溺水。不要在急流和漩涡处游泳，更不要酒后游泳。

(5)在游泳中如果突然觉得身体不舒服，如眩晕、恶心、心慌、气短等，要立即上岸休息或呼救。

(6)学生洗澡过程中若发生漏电或煤气中毒事故，也可能因失去意识而倒在浴缸、澡盆中而发生溺水事故。

(三)如何预防游泳时下肢抽筋

(1)游泳前一定要做好热身运动；

(2)游泳前应考虑身体状况，如果太饱、太饿或过度疲劳时，不要游泳。

(3)游泳前先在四肢淋些水再下水，不要立即下水。

(4)游泳时如果胸痛，可用力压胸口，等到稍好时再上岸。

(5)腹部疼痛时，应上岸，最好喝一些热的饮料或热汤，以保持身体温暖。

(四)如何在水中实施自救

游泳中常会遭遇到的意外是抽筋、疲乏、漩涡、急浪等，这时，要沉着冷静，按照一定的方法进行自我救护，同时，发出呼救信号。

1. 不熟悉水性者自救方法

除呼救外，取仰卧位，头部向后，使鼻部可露出水面呼吸。呼气要浅，吸气要深。因为深吸气时，人体比重降到比水略轻，可浮出水面，此时千万不要将手臂上举乱扑腾，那样身体下沉会更快。

2. 水中抽筋自救法

抽筋的主要部位是小腿和大腿，有时手指、脚趾及胃部等部位也会抽筋。

(1)游泳时发生抽筋，千万不要惊慌，一定要保持镇静，停止游动，先吸一口气，仰面浮于水面，并根据不同部位采取不同方法进行自救。

(2)若因水温过低而产生小腿抽筋，则可使身体呈仰卧姿势。用手握住抽筋腿的脚趾，用力向上拉，使抽筋腿伸直，并用另一腿踩水，另一手划水，帮助身体上浮，这样连续多次即可恢复正常。上岸后用中、食指尖掐承山穴或委中穴，进行按摩。

(3)如果是大腿抽筋的话，可同样采用拉长抽筋肌肉的办法解决。

(4)两手抽筋时，应迅速握紧拳头，再用力伸直，反复多次，直至复原。若单手抽筋，除做上述动作外，可按摩合谷穴、内关穴、外关穴。

(5)上腹部肌肉抽筋，可掐中脘穴，配合掐足三里穴，还可仰卧水里，把双腿向腹壁弯收，再行伸直，重复几次。

(6)抽筋过后，改用别种游泳姿势游回岸边。如果不得不仍用同一游泳姿势时，就要提防再次抽筋。

3. 水草缠身自救法

(1)首先要镇静，切不可踩水或手脚乱动，否则就会使肢体被缠得更难解脱，或在淤泥中越陷越深。

(2)用仰泳方式(两腿伸直、用手掌倒划水)顺原路慢慢退回。或平卧水面，使两腿分开，用手解脱。

(3)如随身携带小刀，可把水草割断，不然试试把水草踢开，或像脱袜那样把水草从脚上捋下来。自己无法摆脱时，应及时呼救。

(4)摆脱水草后，轻轻踢腿而游，并尽快离开水草丛生的地方。

4. 身陷漩涡自救法

(1)有漩涡的地方，一般水面常有垃圾、树叶杂物在漩涡处打转，只要注意就可早发现，应尽量避免接近。

（2）如果已经接近，切勿踩水，应立刻平卧水面，沿着漩涡边，快速地游过。因为漩涡边缘处吸引力较弱，不容易卷入面积较大的物体，所以身体必须平卧水面，切不可直立踩水或潜入水中。

5. 疲劳过度自救法

（1）觉得寒冷或疲劳，应马上游回岸边。如果离岸甚远，或过度疲乏而不能立即回岸，就仰浮在水上以保留力气。

（2）如果有人来拯救，举起一只手，放松身体，不要紧抱着拯救者不放。

（3）如果没有人来，就继续浮在水上，等到体力恢复后再游回岸边。

第三节　火灾事故的预防与处理

火灾是指在时间或空间上失去控制的燃烧所造成的灾害。在各种灾害中，火灾是最经常、最普遍的威胁公众安全和社会发展的重要灾害之一。

一、校园常见的火灾类型

校园火灾从发生的原因上可分为以下类型：

（一）生活火灾

生活用火一般是指人们的炊事用火、取暖用火、照明用火、点蚊香、吸烟、燃放烟花爆竹等，由生活用火造成的火灾称为生活火灾。随着社会的全面进步发展，炊事、取暖用火的能源选择日益广泛，有燃气、燃煤、燃油、烧柴、用电等多种形式。学生生活用火造成火灾的现象屡见不鲜，原因也多种多样，主要有：在宿舍内违章乱设燃气、燃油、电器火源；火源位置接近可燃物等。

由于部分学生缺乏必要的消防安全知识，违章生活用火严重，酿成火灾已成必然。有统计表明，生活火灾已占校园火灾事故总数的70%以上。安全使用生活火源必须引起学生的高度重视，学生必须学会自防自救。

(二)电气火灾

目前学生拥有大量的电器设备，大到电视机、电脑，小到台灯、充电器、电吹风，还有违规购置的电热毯、热得快等电热器具。学生宿舍由于所设电源插座较少，学生违章乱拉电源线路现象普遍，不合安全规范的安装操作致使电源短路、断路、接点接触电阻过大、负荷增大等引起电气火灾的隐患增多。电器设备如果是不合格产品，也是致灾因素。尤其是电热器的大量不规范使用，极易引发火灾。

(三)自然现象火灾

自然现象火灾不常见，这类火灾基本有两种：一种是雷电；另一种是物质的自燃。雷电是大气层运动产生高压静电再行放电，放电电压有时达到几万伏，释放能量巨大。当作用于地球表面时，具有相当大的破坏性。它产生的电弧可为引起火灾的直接火源，摧毁建筑物或窜入其他设备可引起多种形式的火灾。预防雷电火灾就必须合理安装避雷设施。自燃是物质自行燃烧的现象。如黄磷、锌粉、铝粉等燃点低的一类物质在自然环境下就可燃烧；钾、钠等碱金属遇水即剧烈燃烧；不干的柴草、煤泥、蘸油的化纤、棉纱等物料大量堆积，经生物作用或氧化作用积聚大量热量，使物质达到自燃点而自行燃烧导致火灾。对自燃物品一定要以科学的态度和手段加强日常管理。

二、学生可能遭遇的常见火灾隐患

(1)教室火灾隐患：门不畅通或只开一个门；使大功率照明灯或电热取暖器具靠近易燃物；违反操作规程使用电子教具：线路老化或超负荷；不按照安全规定存放易燃物品；在教室内吸烟、乱丢烟头。

(2)实验室的火灾隐患：实验室易燃易爆物品保存不当或打碎洒落；实验过程中违反操作规程；实验过程中缺少专人指导：实验项目缺少防火措施；试剂混存。

(3)图书馆的火灾隐患：电线、电器设备发生短路；火柴、打火机等意外点燃；吸烟、乱扔烟头；疏散通道不畅。

（4）宿舍的火灾隐患：使用劣质电器；违章使用大功率用电设备，使线路超负荷；私接乱拉电线；卧床吸烟、在蚊帐内点蜡烛看书；擅自使用煤油炉、液化气灶具、酒精炉等可能引起火灾的器具；焚烧杂物；台灯靠近枕头、被褥；手机充电器放在床上充电。

（5）礼堂、报告厅的火灾隐患：电线老化；乱丢烟头；大功率照明灯靠近幕布或易燃装饰物；违章使用明火；安全门、疏散通道堵塞；场馆内严重超过额定人数。

三、火灾预防

防止发生火灾的关键是做好预防工作。《中华人民共和国消防法》、公安部61号令等法律法规以及学校各项安全管理制度是火灾事故教训的总结，要预防火灾，大学生必须认真学习掌握，严格执行，自觉遵守。

（一）学生宿舍内火灾预防

学生宿舍防火安全应做到十不准：

（1）不准私拉乱接电线；

（2）不准卧床吸烟和乱扔烟头；

（3）不准占用、堵塞疏散通道；

（4）不准在楼内焚烧杂物；

（5）不准携带易燃易爆物品入舍；

（6）不准使用“热得快”等电热设备；

（7）不准使用酒精炉等明火器具；

（8）不准擅自变动电源设备；

（9）不准离开宿舍不关电源；

（10）不准损坏灭火器和消防设施。

（二）常用电器火灾预防

1. 电吹风引起火灾原因及防火安全措施

• 电吹风引起火灾原因

（1）同学正在使用电吹风时，因有其他事情走开（如接电话、有人敲门去开门等），随手将电吹风放下，并因忘记或其他原因长时间搁置，于是电吹风外壳的高温便可能引燃可燃物。

(2) 在使用电吹风时遇上停电，在未断电源的情况下去处理其他事情或外出，待恢复通电以后电吹风的电热丝长时间加热，温度升高，引起火灾。

• 电吹风防火安全措施

(1) 电源插座以及导线要符合防火安全要求，连接要紧密牢靠。

(2) 谨防敲打、跌碰和拆卸电吹风，以免损坏发热元件以及绝缘装置，造成漏电甚至短路，引起火灾。

(3) 使用电吹风时人员不能离开，更不能将其随意放置在台凳、沙发、床垫等可燃物上。

(4) 使用完毕一定要及时切断电源。

2. 白炽灯引起火灾原因及防火安全措施

• 白炽灯引起火灾原因

(1) 白炽灯泡工作时表面温度很高，能烤燃与其接触或邻近的可燃物。在一般散热条件下，白炽灯泡的表面温度随着其功率增大而增大。如功率分别为 40W、100W、200W 的白炽灯，其灯泡表面温度可分别达到 50～60℃、170～200℃、160～300℃。像木材、纸张、棉布、柴草等，燃点都很低，若与正在通电使用的灯泡靠近，就很容易将其烤着起火。经测试表明，200W 的白炽灯紧贴木箱，不到 1 小时就能将木箱烤着；若紧贴棉衣，只有 5 分钟就能使其起火燃烧。灯泡的功率越大，开灯时间越长，灯泡表面温度越高；可燃物燃点越低，二者的距离越近，越容易引起燃烧。

(2) 因供电电压过高，灯泡功率过大，导线负载能力小，绝缘老化，致使导线过热，短路起火。

(3) 因供电电压过高，灯丝发热量过大，引起灯泡内部惰性气体剧烈膨胀或功率大、表面温度高的灯泡受到骤冷骤热、水溅、震荡等，致使灯泡爆炸，高温玻璃片、高温灯丝溅落到可燃物上，引起火灾。

(4) 因灯头接触部分接触不良，引起发热、打火；在灯头的玻璃壳连接松动时拧动灯头，发生短路，引起火灾。

• 白炽灯防火安全措施

(1) 灯泡应设置在安全、妥善的地点，与可燃物之间应保持一定的防火间距。在可能遇到碰撞的地点，灯泡应有金属保护网或玻璃外罩。

(2) 严禁用纸、布或其他可燃物遮挡灯具，不准用灯泡在被窝里取暖和烘烤衣物。

(3)不得将灯泡挂靠在木质家具、门、框或硬纸板上，也不得将灯泡嵌在天花板或顶棚里。移动台灯时灯泡要与窗帘布、蚊帐等可燃物品保持一定距离。

(4)白炽灯的供电电压不能超过其额定电压。不得用湿手或湿布摸、擦正在工作灯泡，以防灯泡爆炸。如果灯头与玻璃壳连接松动，不得强行拧动灯泡。如果使用150W以上的灯泡，不得使用胶木灯口，以免发热起火。

(5)白炽灯所用导线应当具有优良的绝缘性能。导线不得靠近灯泡，以防因长时烘烤使导线绝缘层老化、熔化、燃烧。在线路上要安装保险装置，保护线路。开关不得安在地线上。

(6)使用白炽灯特别是大功率白炽灯，连续通电的时间不宜过长，不得点“长明灯”。人员外出、上课要牢记关灯。

3. 日光灯引起火灾的原因及防火安全措施

- 日光灯镇流器引起火灾原因

(1)镇流器质量差。有些镇流器在出厂时没有经过严格检验或非正规绕制，由于粗制滥造，质量较差，如线圈匝数不足、绝缘能力不够、线径过小、铁芯面积过小、空间间隙太大、硅钢片插得不紧等。这些都容易使镇流器发热，产生高温，以致损坏绝缘、沥青融化并从盒内溢出等，形成短路，引起火灾。

(2)镇流器选择安装不当。如选用镇流器与日光灯管功率不匹配、各接点接触不牢、紧贴天花板等可燃材料安装，并且安装部位通风散热条件很差。

这样，一方面镇流器容易发热，另一方面热量不易散发，从而大量骤热，形成高温，烤燃可燃物质，引起火灾。

（3）使用不当。日光灯的供电电压过高、超负载等会使镇流器产生高温，日光灯连续使用时间过长或开、关日光灯过于频繁等，也会使镇流器产生高温，甚至酿成火灾。

（4）维护保养不良。日光灯镇流器上积落的大量可燃粉尘、木屑等，可能会被镇流器产生的高温烤焦起火；镇流器受潮或者进水等，会使线圈绝缘能力下降，甚至短路起火。这些都是平时维护保养不善所致。

● 日光灯镇流器防火安全措施

（1）要选用优质合格产品。日光灯与镇流器的功率要相互匹配，不能使用无合格证的镇流器，也不能自己绕制镇流器。镇流器通电后有嗡嗡的响声，则质量差，容易发热；通电半小时后，用手摸镇流器若烫手，则说明镇流器质量不好。

（2）安装日光灯时，镇流器不能直接安装在可燃材料上，要注意通风、防雨、防尘。镇流器底部应朝上，不能朝下，更不能竖装，以防其中的沥青受热融化外溢。

（3）使用中要加强检查和维护，防止供电电压过高或过载。日光灯不能频繁开关，也不能长时间连续使用过久，以防镇流器过热。检查中如果发现接触点接触松动，镇流器发出响声，手摸时烫手或闻到焦味，都要采取处理措施。人离开时应随手切断电源。

（三）烟头引起火灾原因及注意事项

● 烟头引起火灾原因

烟头虽是个不大的火源，但它能引起许多物质着火。烟头表面温度为200~300℃，中心温度为700~800℃，一般可燃物的燃点大多低于烟头表面温度，如纸张为130℃，布匹为200℃，松木为250℃。一支香烟延烧时间为4~15分钟。在这段时间内能将一般可燃物点燃，经过一段时间阴燃后，便着火燃烧。据在自然通风条件下试验，将烟头扔进深5厘米的锯末中，经过75~90分钟阴燃，便开始出现火焰；将烟头扔进5~10厘米的刨花中，有75%的机会，经过60~100分钟即开始燃烧。而对化学危险物品来说，香烟明火会立即引起它们的燃烧爆炸。

● 吸烟时应注意的防火事项

(1)不要躺在床上、沙发上吸烟。

(2)吸烟时，如果临时有其他事情外出，应将烟头熄灭后再离开。

(3)划过的火柴梗、吸剩的烟头，一定要熄灭。未熄灭的火柴梗、烟头要放进烟灰缸或痰盂内；不能用火柴盒、烟盒当烟灰缸，不能把火柴梗、烟头扔在废纸篓里，更不能随处乱扔。

(4)禁止在维修汽车和用油品等清洗机器零件时吸烟。如果需要吸烟，应远离油盆(桶)；如果手上蘸有油品，应清洗后再吸烟。吸烟完毕，应将烟头熄灭再进行作业。

(四)燃放烟花爆竹应注意的防火事项

燃放烟花爆竹是一件喜庆事情，但是，非常容易造成火灾事故。因此，燃放烟花爆竹应注意以下事项：

(1)禁止燃放拉炮、钻天猴、地老鼠及其他容易引起火灾的烟花爆竹。购买烟花爆竹时，要到指定商店购买印有生产厂名、商标、燃放说明的品种。不要购买私人销售的劣质品种。

(2)不要在窗台、阳台、走廊、室内燃放烟花爆竹。燃放前必须仔细阅读烟花爆竹上的燃放说明，按说明方法燃放。燃放高升双响(爆竹)要直立地面，点燃后人即避开。

(3)燃放升高的烟花爆竹要注意防止落在可燃物上，仍有余火时，应立即采取措施，将余火扑灭或将残片移走。

(4)不要携带烟花爆竹乘坐公共汽车、火车、船舶和飞机。

(5)买回的烟花爆竹要放在安全地点，不要靠近火源、热源、电源，并要

防止鼠咬，以防自行燃烧爆炸。

(6)燃放烟花爆竹要讲文明，不要对着行人或别人家的窗户、阳台燃放。

(7)燃放烟花爆竹时，要侧身去点燃，不要直接对着面部；不要一手捏着炮(单响)，一手去点燃，一定要放到地面上去点燃；点燃后如果遇到哑炮，不要急着去拿，等待一会儿，当确认不能再响时，用脚踢到安全地方，千万不要拾起来用双手去剥皮，以防爆炸伤人。

(五)驱蚊应注意的防火事项

夏季，尤其是夜晚，人们常常驱赶蚊虫，但在使用明火驱蚊时，稍有不慎，就会引起火灾。因此，在驱蚊时要特别注意防火。

(1)点燃的蚊香要放在金属支架上，要远离窗帘、门帘等可燃物，千万不能直接放在木板或其他可燃物上。

(2)自制的蚊香点燃后，应放在盆里，并用砖块垫底。

(3)点火驱蚊时，要有人看管，做到人走火灭。

(4)最好用“灭蚊剂”或电子驱蚊器，以利安全。

四、火灾事故的处理

发生火灾后，要立即拨打火警电话“119”。报警时，不要紧张，简要说清发生火灾地点，如哪个区、哪条路、第几栋楼、几层楼、烧什么东西，有条件的到路口引导消防车进来，争取时间让消防队员及时赶到现场灭火、救人。

一旦宿舍或教室发生火灾，应抓紧时机进行扑救。常用的灭火工具是水、湿棉被、砂土、干粉等。值得注意的是，电器起火应首先切断电源再进行扑救。若发现火势较大时，应立即拨打火警“119”，说清楚详细地址、起火物品，然后离开火场到主要路口引导消防车前来扑救。切忌贪恋财物贻误逃生时机。

(1)起火部位在宿舍门外。用手先试一下门把手及门是否灼热。如果不觉得热，可用身体和脚抵住房门，小心地将门开一条缝，观察门外火情。若烟雾弥漫，热气由门缝逼进，灼热难耐，或用手伸到门外上方感到热气逼人，应立即关闭房门，向房门泼水，并用湿棉被、毛巾等物品封住房门，以暂阻火势蔓延进屋内。

(2)若烟雾不大，门外上方热度可以忍受，可用湿毛巾捂住口鼻，必要时把全身用水淋湿或披一条湿棉被，采用低头弯腰的办法打开房门逃生。

(3)如果火将门封住，无法由房门逃生，只有依靠外窗和阳台。若楼层不高，可利用床单、窗帘、衣服等物品连接成救生绳捆于窗框、暖气管等物体上，沿绳下滑逃生；也可利用水漏管道下滑逃生。居住在二楼的居民在万不得已的情况下，可将床垫、棉被、沙发垫等缓冲物扔到窗下，再跳楼逃生。跳的时候应采取用手攀窗台或阳台外沿，身体垂直向下的姿态跳下。

(4)如果居住的楼层很高，用尽家中之物也无法拥有足够长度的救生绳，应不时地向房门泼水争取时间，到阳台或窗口持醒目之物挥动、呼喊或利用现有长度的救生绳下滑到其他楼层暂避。

(5)如果不但门被大火封住，窗外也是一片火海时，应将门窗全部关闭，用湿棉被、毛巾、衣物等封堵门窗，同时采取打电话、敲打脸盆、向窗外抛东西等手段吸引外部人员注意，以便获救。

五、注意事项

(1)在火场中或有烟室内行走，应尽量低身弯腰以降低高度，防止窒息。

(2)在逃生途中尽量减少所携带物品的体积和重量。

(3)要正确估计火势的发展和蔓延势态，不得盲目采取行动。

(4)防止产生侥幸心理，先要考虑安全及可行性后方可采取实施。

(5)逃生、报警、呼救要结合进行，不要只顾逃生而不顾报警与呼救。

(6)逃离途中切记不可使用电梯。因为火灾中电梯控制线路可能被烧坏，会使你被困在电梯中无法逃生。

“只有绝望的人，没有绝望的处境”，面对滚滚浓烟和熊熊烈焰，只要冷静机智运用火场自救与逃生知识，就有极大可能拯救自己或他人的生命。因此，多掌握一些火场自救的知识，也许就能在困境中获得第二次生命。

第四节　食品中毒事故的预防与处理

食品中毒是指摄入了含有有毒、有害物质的食品或者把有毒、有害物质当做食品摄入后出现的急性或亚急性疾病。这是一类经常发生的疾病，会对人体健康和生命造成严重损害。近年来，高校学生食品中毒的情况时有发生，食品安全关系到同学们的健康，那么学生要如何预防食品安全问题呢？

一、食物中毒从致病因素看主要类型

(1)细菌性食物中毒

指人们食用被细菌或细菌毒素所污染的食物而引起的急性中毒性疾病。

(2)真菌毒素中毒

指真菌在谷物或其他食品中生长繁殖并产生有毒的代谢产物，人食用这种毒性物质发生的中毒。一般的烧、煮等加热处理不能破坏食品中的真菌毒素。

(3)动物性食物中毒

指食入含有有毒成分的动物食品引起的中毒。如河豚中毒、鱼胆中毒等。

(4)植物性食物中毒

指因误食有毒植物引起的中毒。如毒蘑菇中毒等。

(5)化学性食物中毒

指人们食用被有毒有害化学品污染的食品引起的中毒。

二、食品中毒的特点

(1)中毒者在相近时间内均食用过某种相同的可疑中毒食物，未食用者不发生中毒，停止食用该食物后，发病很快停止。

(2)潜伏期较短，发病急剧，病程亦较短。

(3)一般无人与人之间的直接传染。

(4)所有中毒者的临床表现基本相似，一般表现为急性胃肠炎症状，如腹痛、腹泻、呕吐等。

三、容易引起食物中毒的食物

(1)容易被细菌污染的食物，如肉、鱼、蛋、乳等及其制品，以及烧、卤肉类，凉菜，剩余饭菜等。

(2)被有毒有害化学物质污染的食物，如被农药污染的蔬菜、水果或受有毒藻类污染的海产贝类等。

(3)本身含有天然有毒成分的食品，如河豚、毒蘑菇，或腐烂变质的青皮红肉的鱼类如金枪鱼、青鱼、池鱼等。

(4)在某一特定环境下能产生有毒物质的食品，如发芽的马铃薯、霉变的甘蔗、未加热煮透的豆浆、四季豆、杏仁、木薯、鲜黄花菜等。

(5)“三无”食品、过期食品和添加过量防腐剂的食品。

四、如何预防食物中毒

俗话说“病从口入”，预防食物中毒的关键在于把牢饮食关，搞好饮食卫生。

1. 应掌握食品安全的基本知识

掌握食品安全的基本知识有助于学生更好地预防食品安全问题。学生可以通过学校的安全教育课获得有关食品安全的知识，或者通过网络、报刊及其他方式获取食品安全的相关知识。一般来说，学生应掌握以下的食品安全知识：

(1)食品的类型。要明确食品所属于的类型，以便更具体地了解此类食品容易发生的食品安全问题的情况。

(2)食品安全的具体标识。要认清质量安全标志、绿色食品标志和保健食品标志。

(3)预防食品安全问题的相关措施。要了解预防食品安全的措施，以便在日常生活中践行。

(4)发生食品安全问题之后的维权知识。学生不仅要学会预防食品安全问题，还要培养自己的维权意识，掌握维权知识。大学生可以根据《中华人民共和国消费者权益保护法》和《中华人民共和国食品安全法》的相关规定进行维权。

2. 在日常生活中践行食品安全的理念

掌握食品安全的知识只是预防食品安全问题措施的一个方面，但最主要的是，大学生要在日常生活中践行食品安全的理念，这样才能达到有效预防食品安全问题的目的。

(1)尽量在学校食堂里就餐。有些大学生不喜欢食堂里的饭菜，经常在校外就餐。但是相对于校外的餐厅，学校的食堂对食品来源、安全有一套标准，工作人员经过培训上岗，一般很少出现食品安全问题。即使出现了问题，学校对学生的赔偿会有保障。因此，大学生为了自己的健康着想，应尽量在学校食堂里就餐。

(2)在外就餐时要选择具备食品卫生许可证和营业执照的餐厅。若不具备，就不要在该餐厅用餐。另外，用餐结束后可以让餐厅开具一张发票，证明你在此餐厅就餐过，一旦发生食品安全责任，以此作为维权依据。

(3)即使在零售店、超市购买食品，也有可能存在食品安全问题。因此，一定要注意查看你所购买的食品的信息，一般应包括：食品生产产家及产址、生产日期和保质期、质量安全标志、有无添加防腐剂等。

(4)选择到规范的市场购买食品。相对于无固定摊点、不规范的市场，规范的市场有一定的安全保障。因此，要选择到规范的市场购买食品。购买果蔬时要注意其光泽、大小，购买肉类食品、腌制食品时要注意其价格是否合理，食品本身是否存在问题。

五、学生应特别注意的几个问题

（1）注意挑选和鉴别食物，不要购买和食用有毒的食物，如河豚、毒蘑菇、发芽土豆等。

（2）烹调食物要彻底加热，做好的熟食要立即食用，贮存熟食的温度要低于7℃，经低温贮存的熟食品，食前要彻底加热。特别是肉、奶、蛋及其制品、四季豆、豆浆等应烧熟煮透。

（3）避免生食品与熟食品接触。不要用切生食品的刀具、砧板再切熟食品。生、熟食物要分开存放。

（4）养成良好的个人卫生习惯。勤洗手、不吃生食、不喝生水。

（5）到饭店就餐时要选择有食品卫生许可证和营业执照的餐饮单位，不光顾无证无照的流动摊点和卫生条件差的饮食店。

（6）不要到无证摊贩处买食品。不买无商标或无出厂日期、无生产单位、无保质期限等标签的罐头食品或其他包装食品。

（7）按照低温冷藏的要求贮存食物，控制微生物的繁殖。

（8）瓜果、蔬菜生吃时要洗净、消毒。

（9）肉类食物要煮熟，防止外熟内生。

（10）不吃腐败变质的食物。

六、食物中毒后怎么处置

（1）若发现有人食物中毒，要及时送到医院就诊，不要自行乱服药，医治越早越好，切莫延误时间。患者应保留所有就诊记录、化验单、医药费凭证等。

（2）前往医院就诊的同时应了解发病前有共同饮食史的其他同伴是否也出现类似症状，如有则立即向当地卫生监督机构报告，使卫生监督机构能尽早采取控制措施，防止事态扩大，同时有利于查明原因并及时做出相应处理。

（3）立即停止食用可疑食品，就地收集、封存，以备检验。

（4）要保护好现场，及时收集患者的呕吐物、粪便等，以备检验。食品贮存场所及炊具、餐具、容器等暂时不要清洗，在食品卫生监督人员采样结束后，再对中毒现场进行全面、彻底的清洗、消毒，以防中毒事故的再次发生。

（5）消费者在餐饮单位就餐后发生疑似食物中毒的，千万不要与餐饮单位私下协商解决，应于第一时间报告卫生监督机构。

第五节 校园暴力伤害事故的预防和处理

大学校园，本该是一方净土，文明的殿堂。可是，暴力事件频繁发生，常常打破校园的宁静，校园成了暴力的重灾区。资料分析显示，目前，中国大陆青少年犯罪总数已经占全国刑事犯罪总数的70%以上。大学生常因同学之间的矛盾纠纷，或者情感纠葛以及不法分子的违法犯罪侵害受到暴力伤害。

一、校园暴力的基本概念

暴力是一种以强凌弱的、侵犯人身权利的极端行为，它具有反人性、侵人权、违法制、悖伦理、伤文明、坏风尚等特点。校园暴力是指发生在校园及校园周边的各种刑事治安案件，主要以杀人、伤害、抢劫、绑架、强奸等刑事犯罪活动为重点、包括侵害在校学生和教师人身财产安全的违法犯罪活动。

校园暴力有广义和狭义之分。

广义的校园暴力定义为：由教师、同学或者校外人员针对受害人身体和精神所实施的、达到一定严重程度的侵害行为。

狭义的校园暴力定义为：指发生在校园或主要发生在校园内，由同学或校外人员针对学生身体和精神所实施的造成某种伤害的侵害行为。这也是通常所说的校园暴力。

二、大学校园暴力事件典型案例

【案例一】

2004 年 2 月 23 日，云南大学的“马加爵”一案，震惊全国。2 月 23 号是云南大学新学期开学的第一天，然而就在这天中午，一个让人十分震惊的消息在同学们间不胫而走：学校鼎新学生公寓的一间男生宿舍内，竟然发现了四具学生的尸体。学校方面也随即证实，这四名学生都是云南大学生命科学院生物技术专业毕业班的学生。警方调查证实杀人犯是他们的同学马加爵。马加爵称其杀人原因只是打牌时怀疑同学作弊。

【案例二】

2007 年 3 月 16 日，昆明市中级人民法院公开审判了昆明理工大学博士生被杀一案，引起了教育界乃至全国的震惊！郝耀辉是昆明理工大学的高材生，阮子春是云南民族大学优秀的硕士研究生。博士研究生郝耀辉与女友确定恋爱关系，正宴请朋友以示庆祝时，女友恰巧接到了一条“求爱”短信！当郝耀辉发现是女友的另一个追求者、硕士研究生阮子春所为时，便找到对方进行“谈判”。殊不知，两人一见面就厮打起来，年仅 23 岁的郝耀辉当场被刺伤不幸身亡。

三、校园暴力的危害

校园暴力除了对学生身体健康造成直接伤害甚至死亡外，对学生的心理、社会认知能力、价值观、思想道德伤害更为严重，也会使一部分学生走上刑事犯罪道路。

1. 对学生心理的伤害

一是使受害学生对校园产生畏惧心理，受害学生常常产生较强烈的厌学情绪，害怕再次受到暴力侵犯；二是有孤僻倾向，受害学生由于自尊心的挫伤，感觉丢了面子，便把自己封闭起来，性格变得内向；三是报复心理，受害学生受到过度的自尊心的驱使，容易产生报复心理。

2. 对学生社会认知和价值观的伤害

校园暴力受害者受到暴力的伤害后，会使他们对人生、社会产生错误认识，会使他们认为这个世界是恐怖、肮脏的，他们会产生对社会的极度恐惧心理而自我封闭、逃避社会，导致他们对社会适应能力降低，从而使他们对社会变得冷漠无情，最终因对社会憎恨而走上反社会的道路。

以暴制暴的观念，在不少受过校园暴力伤害的学生中都不同程度地存在着，尤其是那些长期忍气吞声的学生，这种观念更加明显。部分受暴力伤害的学生，面对暴力，不报告老师、父母和警察，而是想方设法寻求武力报复的机会实施暴力行动，从受害者成为加害者，从受暴者成为施暴者。这些受害者，从加害者那里学会了施暴的手段，然后从受害者演变成加害者。加害对象中，首先，是曾经使自己受害的加害者，往往使曾经的加害者成为新的第一受害者；其次，是其他弱小者，产生新的受害者和新的加害者。

3. 对学生思想道德的危害

一般的青少年犯罪团伙和黑社会组织是有一定区别的，但青少年犯罪团伙有可能发展成为黑社会组织的外围组织。因为青少年正在逐渐摆脱家长、教师权威的束缚，寻求自我独立，实现社会化。如果这个时期过多地受到校园暴力的威胁而缺乏安全感，会迫使他们寻求安全感和归属感，从而使他们寻求并加入到暴力组织中。一旦这种青少年犯罪团伙这种松散的组织被黑社会组织利用，很容易让本来只是不良少年的孩子变成真正的罪犯。

4. 走上犯罪道路

少数施暴者在施暴时，手段残忍，不计后果，不乏杀人、抢劫、强奸，常常给受害者造成极大的生理和心理伤害，并触犯刑罚而成为罪犯，改变了别人的人生道路，也改变了自己的人生道路。一些学生尚未走出校门就走入牢门，成为社会的不安定因素。

四、学生之间打架斗殴的预防与处置

大学生来自五湖四海，理应相互尊重、团结友爱。以打架斗殴为主要形式的学生之间的暴力伤害，只会伤害感情，削弱友谊，破坏团结，瓦解集体，使自己孤立于集体之外，失去从他人身上得到帮助及受他人启发以增长自己学识的良好机会；少数学生参与打架斗殴，严重破坏学校的良好氛围和校园风气，尤其是群体性的打架斗殴，容易产生轰动效应，被少数人挑拨利用，形成不安定因素，危及学校乃至社会的稳定。良好的学习和生活环境不仅是求知的前提条件，同时对学生的身心健康发展具有十分重要的作用。打架斗殴恰恰使这一环境遭到破坏，给心灵带来伤害。打架斗殴常因小事而起，但其一旦酿成刑事、治安案件，轻则受到退学、开除的处理；重则触犯法律法规，受到法律的严厉制裁，断送自己的美好前程。

（一）学生之间打架斗殴的原因

引发大学生之间暴力伤害的原因是多方面的，但直接原因不外乎以下几个方面：

1. 利益与经济

目前，大学生的竞争意识日渐增强，激烈的竞争常导致大学生对利益极为关注，如在评优、评奖学金时，同学们看法不尽一致或妒忌成仇；有时也会因为争水冲凉、争运动场地、争座位等生活琐事而引发争端，互不相让而斗殴。经济也是诱发打架斗殴的一个因素，如同学之间对共同消费后的经济承担责任有不同意见，或相互之间的借、还等经济往来引发纠纷。

2. 恋爱与交友

在校大学生因恋爱问题导致打架也占有相当的比例。有些同学视恋爱为儿戏，玩弄感情，甚至脚踏几只船，引发几个恋人之间争风吃醋，继而结伙斗殴；有的因一厢情愿，恋爱不成，导致心理失调，甚至发展到心理变态，继而引发报复斗殴等恶性案件。极少数学生在交友中，以意气相投的酒肉朋友为对象拉帮结派，常常依仗人多势众，横行霸道，因而极易酿成聚众打架斗殴。

3. 猜疑与嫉妒

有些同学因猜忌多疑，总觉得别人跟自己过不去，背地里说自己的坏话；有的说者无心，听者有意，将别人的话胡乱联系，无端嫉恨他人；有的因自己财物失窃而对同学妄加猜疑，甚至对所谓嫌疑人采取违法的方法进行处理，引发斗殴事件。同样，嫉妒心严重的人，往往对别人的进步和成绩当做是对自己的威胁，继而引发恶性斗殴事件，殃及嫉妒对象。

4. 性格与个性

大学生来自五湖四海，各人成长环境和条件各不相同，性格差异较大。性格的差异在同学关系处理过程中，极易互相看不惯，互相嫌弃，形成对抗心理，引起纠纷。有些学生在家是个宠儿，为所欲为。到大学里，仍然唯我独尊，在集体生活中不遵守公共道德和行为规范，发生矛盾纠纷时，不仅不能严于律已，而且总觉得别人侵犯自己的尊严，在处理与同学之间的矛盾时，态度粗暴，蛮横无理，常为一些生活琐事而互不相让、大打出手。

5. 酗酒

大学生由于酗酒而引起的违法违纪特别是打架斗殴现象时有发生。一些大学生在饮酒前并没有明确的违法动机或准备，但当饮酒到一定程度后，有的同学因平时琐事或饮酒过程中的几句话等因素引起情绪冲动，失去理智，殴斗厮打，有的甚至伤及无辜。

(二)大学生之间打架斗殴的危害

(1)酿成刑事、治安案件，葬送自己的前程，给自己和他人及家庭带来巨大伤害。就纠纷发生的直接原因而言，大多数都是微不足道的小事，但是一旦成为纠纷就难以收拾。打架斗殴不仅是刑事治安案件的温床，也是破坏安定团结的蛀虫，应当引以为戒。

(2)妨碍内部团结，不利于优良校风和学风的建设，破坏同学们成长的优良环境，伤害感情，削弱友谊，破坏团结，瓦解集体。

(3)损害大学生的良好形象，影响学校声誉。大学是知识的殿堂，大学生是未来的栋梁。打架斗殴不仅损害自己的人格，而且还会玷污大学生这一光荣称号。尽管打架斗殴的是个别人，但受到损害的却是大学生整体形象和学校的声誉。

(三)怎样防止打架斗殴

1. 防突发性斗殴的“偏方”——说服术

突发性斗殴往往是由偶然起因不能冷静对待而引起的。制止这种斗殴首先应采取说服的方法，针对不同的对象，认真讲清道理，指出“行少顷之怒，丧终身之躯”的严重后果，使冲动的头脑迅速冷静下来，不自酿苦酒。

如在游泳池，一同学跳水时不慎撞到另一个同学的身上，他钻出水面后连忙道歉，然而被撞的同学却不予谅解，怒气冲冲爬上岸来，叉腰喝道：“有种的你上来。”水中这个同学十分冷静，他清楚地知道，应以理智告诫自己和提醒对方。于是考虑一下便说：“我不上去。但我要向你说明，我不是不敢打架，我知道打架不是解决问题的办法。咱们毕竟是接受高等教育的人，我怕周围这些人笑话，何况打完架咱俩都得受处分。”仅此短短一席话，引起了双方感情共鸣，紧张气氛骤然消失，不少同学也过来劝解，一场干戈即刻化为玉帛。

2. 防报复性斗殴的方法——攻心术和暗示效应

报复性斗殴往往产生于某种奇特的变态心理。在生活中，人们的思想动机必然要从言语、行为等方面显露出来。所以，我们要注意关心同学的思想变化，发现问题及时而又有针对性地进行规劝。同说服术一样，所不同的是攻心术以关切为先导，不直接指出对方的错误，因为那样容易引起对方的反感，或置对方于十分难看的境地。大学生一般来说自尊心都是很强的，所以，应委婉相劝，攻心为上，用一种相似的人或事来善意暗示对方。正如周恩来同志所说的：“与人说理，须使人心中点头。”让对方自己觉悟，从而领悟到同学之间的情谊。

3. 防演变性斗殴

演变性斗殴一般有较长周期的滋生过程。同学们长期生活在一起，不可避免地在思想上和生活上会发生一些摩擦和冲突。而有些伤人感情的话语容易生成积怨，引发斗殴，甚至毙命。

某高校学生马某，平时沉默寡言，而同宿舍的小田却性格外向，有时爱挖苦人两句，两人早有不睦。一次，田和马又因关灯睡觉问题争执起来，险些动手。口角中，田曾冒出这么一句：“你非得给我跪下求饶，否则你在这儿一天，我就欺负你一天。”马某感到自己受到莫大的侮辱，有失男子汉的“尊严”。于是，在“教训他一下”的思想支配下，夜晚趁田熟睡时，用手电筒照着，举起铁锤对准田的头猛击数下，田当即毙命。事后，当审判员问及马某：“你认为小田欺负你，为什么不向学校报告呢?”马某回答：“这么大的小伙子被人欺负，我觉得寒碜，不好意思说。”直到宣布他死刑时，他才如梦初醒，然而悔之晚矣。

4. 防群体性斗殴

大学生完全能够从纷繁复杂的生活现象中分辨是非，判断正误。但是为帮同学、老乡或朋友而进行群体性斗殴的现象却也时有发生。

一天，某高校浴室，洗浴的人员多。当 A 系的学生李某正在淋浴时，B 系的学生张某走过去说：这是我刚才占的喷头。本来二人相互谦让一下就行了，不想二人却争吵起来，致使A、B两系37个学生参与了群体斗殴。结果李、张二人一个被拘留，一个被开除，其他人也受到处分。其实，为一个洗澡喷头值得吗？

（四）遇上别人打架怎么办

学生董某，骑自行车不慎撞了吴某，拒绝赔礼道歉，发生激烈争吵，相互推推拉拉。就在这时，董某同班同学祁某路过，见董某被吴某辱骂，感到好友被人“欺侮”，怒气上升，抓住吴某就打，吴某受伤。事后，祁某不但赔偿经济损失，而且受到校纪严肃处分。

如果你遇上别人打架斗殴，请别火上加油，防止扩大事态，并希望你做到：

（1）不围观，不起哄，不介入。

（2）如果你想劝解，应当先问明情况，站在公正的立场上做双方的工作。若劝解无效，应迅速向学校有关领导或保卫部门报告，以防事态扩大。

（3）打架的一方如果是你的同学或熟人，在劝解时要主持公道，不可偏袒。在采取隔离措施时，应当首先拉自己的同学或朋友，以免被对方误解为强解劝，或者将你当做对方的“同伙”而受到无故伤害。

（4）当学校有关部门调查打架真相时，现场目击人要勇于出来向有关部门提供线索和证据，以保护受害人的合法权益，使肇事人受到惩处。

当然，预防、解决大学生校园暴力问题还需要从自我教育、家庭教育、学校教育和社会环境的综合治理上下工夫，加强对大学生“三观”的科学教育，对那些有暴力倾向的学生，学校要主动与家庭、社区联合起来，及时沟通信息，把握学生最新的心理动态，共同帮助大学生，防患于未然。

五、学生如何防抢劫

抢劫，是指以非法占有为目的，以暴力胁迫或者其他方法强行将公私财物据为己有的一种犯罪行为。抢夺，则是指以非法占有为目的、乘人不备公然夺取他人的财物的一种犯罪行为。这两类犯罪行为都会侵害他人的人身权利，且容易转化为凶杀、伤害、强奸等恶性案件，比盗窃犯罪更具有社会危害性。

（1）案发时要尽力反抗。只要具备反抗的能力或时机有利，就应发动进攻，以制服作案人或使作案人丧失继续作案的心理和能力。

(2)与作案人尽量纠缠。可利用有利地形和身边的砖头、木棒等可以自卫的武器与作案人形成僵持局面，使作案人短时间内无法近身，以便等待援助者并对作案人造成心理上的压力。

(3)实在无法与作案人抗衡时，可以看准时机向有人、有灯光的地方或宿舍区奔跑。

(4)巧妙麻痹作案人。当已处于作案人的控制之下而无法反抗时，可按作案人的需求交出部分财物，并采用语言反抗法理直气壮地对作案人进行说服教育，晓以利害，从而造成作案人心理上的恐慌。切不可一味地求饶，应当尽力保持镇定，与作案人轻松交谈，采取默认方式表明自己将交出全部财物并无反抗的意图，使作案人放松警惕，以便自己看准时机进行反抗或逃脱其控制。

(5)采用间接反抗法。是指趁其不注意时在作案人身上留下记号，如在其衣服上擦点泥土、血迹，在其口袋中放入有标记的小物件，在作案人得逞后注意其逃跑去向等。

(6)注意观察作案人，尽量准确记下其特征，如身高、年龄、体态、发型、衣着、胡须、语言、行为等特征。

(7)及时报案。作案人得逞以后，很有可能继续寻找下一个抢劫目标甚至在作案现场附近的商店和餐厅进行挥霍。一般高校都有较为严密的防范措施，受害者若能及时报案和准确描述作案人特征，将有利于有关部门及时组织力量布控，抓获作案人。

(8)无论在什么情况下，遇到抢劫时尽可能大声呼救，或故意高声与作案人说话。

六、学生如何防滋扰

滋扰，从广义的角度讲，是指外部人员无视国家法律和社会公德而寻衅滋事、结伙斗殴、扰乱社会秩序等行为。从狭义的角度讲，滋扰主要是指对校园秩序的破坏扰乱，对大学生无端挑衅、侵犯乃至伤害的行为。滋扰是一个涉及学生、家庭、社会等诸多方面的复杂因素相互交错的社会问题，大学生必须提高警惕，尽力预防和制止外部滋扰，以保证学校教学、科研和生活正常有序地进行。

（一）大学生受外部滋扰的常见形式

（1）校内外的不法青少年通过多种途径与少数大学生进行交往，如果发生矛盾或纠葛，便有目的地入校寻衅滋事、伺机报复等。

（2）有的社会不法青年，在游泳、购物、看电影、参加舞会、观看比赛甚至走路等偶然场合，与大学生发生矛盾，有时进而酿成冲突。

（3）有的不法青年，专门尾随女同学或有目的地到学生宿舍、教室等处污辱、骚扰、调戏女同学，甚至对女同学动手动脚，致使女大学生受到种种伤害。

（4）青少年犯罪团伙邀约到校园内斗殴滋事，从而使围观或路过的同学无端遭殃。

（5）外来人员或某些法纪观念淡薄的教职工子女与学生争抢活动场地、喧宾夺主，从而引发矛盾和冲突。

（6）一些游手好闲的青少年，把学校变为玩乐场所，在校园内游逛，或故意怪叫漫骂、吵吵嚷嚷，或有意扰乱秩序，以搅得鸡犬不宁为乐，显得旁若无人、不可一世。大学生作为学校的主人，与这类人员发生正面冲突的可能性很大。

（7）有的不法青年，喜欢在师生休息的时候不停地拨打电话，或者高声地谈天说地，或者口吐污言秽语，以搅得人不能入睡为乐，这就是噪音滋扰。

（8）少数无赖之徒，千方百计地打听异性大学生的姓名，然后不停地给其打电话、发信息，不是低级庸俗的谈情说爱和造谣中伤，就是莫明其妙的恐吓和威胁，甚至敲诈勒索，从而造成被害人在精神上非常痛苦，这即是电话滋扰。

滋事者大多是一些有劣迹、行为不轨的青少年。这些人行动的目的和动机往往比较短浅，只顾满足眼前欲望而不顾后果，容易受偶然的动机和本能所支配，他们自制力差，微不足道的精神刺激即可使之陷入暴怒和冲动之中。有些则结成团伙，蛮横无理，为所欲为，称霸一方。入校滋扰者，有的事先有明确的目的，有的并无确定目标。无论是哪种形式，受滋扰的对象往往都是大学生。一些地处城郊结合部或周围居民点密集的院校，受滋扰的程度可能会更厉害一些。

（二）大学生应当怎样对待外部滋扰

寻衅滋事是典型的流氓活动。在校园内故意起哄、强要强夺、无理取闹、追逐女学生或女教师等流氓行为，不仅直接危害师生的人身和财产安全，而且还会破坏整个校园的正常秩序。对此，除学校有关职能部门和社会的公安机关等组织力量进行防范和打击外，师生遇到流氓滋事，都有义务进行抵制和制止。只要有人挺身而出，发动周围的师生共同制止，流氓即使蛮横也不能不有所收敛。一般情况下，在校园内遇到流氓滋事，一方面要敢于出面制止或将流氓分子扭送到有关部门，或及时向学校保卫部门报案，或打“110”电话报警，以便及时抓获犯罪嫌疑人，予以惩办；另一方面，要加强自身的修养，冷静处置，不因小事而招惹是非，积极慎重地同外部滋扰这一丑恶现象作斗争。具体来说，大学生在遇到流氓滋事时，应注意把握以下几点。

(1)提高警惕，做好准备，正确看待，慎重处置。面对不法青少年挑起的流氓滋扰，千万不要惊慌而要正确对待。要问清缘由、弄清是非，既不畏惧退缩、避而远之，也不随便动手、一味蛮干，而应晓之以理，以礼待人，妥善处置。

(2)充分依靠组织和集体的力量，积极干预和抵制违法犯罪行为。如果发现流氓滋扰事件，要及时向教师或学校有关部门报告，一旦出现公开侮辱、殴打自己的同学等恶性事件，要敢于见义勇为，挺身而出，积极地加以揭露和制止。要注意团结和发动周围的群众，以对滋事者形成压力，迫使其终止违法犯罪行为。那些成群结伙，凶狠残忍的滋事者，总想趁乱一哄而上，为非作歹，所以，只有依靠群众，依靠集体的力量才能有效地制止其违法行为。

(3)注意策略，讲究效果，避免纠缠，防止事态扩大。在许多场合，滋事者显得愚昧而盲目、固执而无赖，有时仅有挑逗性的言语和动作，叫人又气又恼而又抓不到有效证据。遇到这种情况，一定要冷静，注意讲究策略和方

法，一方面，及时报告并协助有关部门进行处理；另一方面，采取正面对其劝告的方法，注意避免纠缠，目的就是避免事态扩大和免得把自己与无赖之徒置于等同地位。

(4)自觉运用法律武器保护他人和保护自己。面对流氓滋扰事件，既要坚持以说理为主，不要轻易动手，同时又要注意留心观察、掌握证据。例如，有哪些人在场，谁先动手，持何凶器，滋事者有哪些重要特征，案件大致的经过是怎样的，现场状况如何，滋事者使用何种器械、有何证件，毁坏的衣物和设施是什么，地面留有什么痕迹等。这些证据，对查处流氓滋事者是很有帮助的。

大学生除积极防范和制止发生在校园内的滋扰事件外，更应加强自身修养，不断提高自己的综合素质，严格要求自己，决不能染上流氓恶习而使自己站到滋事者的行列中去。

第六节　防盗和防骗

一、大学生如何防盗

盗窃，是指一种以非法占有为目的，秘密窃取国家、集体或他人财物的行为。它是一种最常见的、并为人民群众、师生员最为深恶痛绝的违法犯罪行为。盗窃案在高校发生的各类案件中是最多的，大约占90%以上。

以作案主体进行分类，盗窃案可分为外盗、内盗和内外勾结盗窃3种类型。少数大学生对自己要求不严，人生观和价值观发生扭曲，法律意识淡薄，不顾家庭和自己的经济承受能力，追求时髦，盲目攀比，从而导致没有钱花就去偷，逐步走上了犯罪通路，这是导致高校盗窃案件不断上升的原因之一。

（一）高校盗窃案件的特点

一般盗窃案件都有以下共同点：实施盗窃前有预谋准备的窥测过程，盗窃现场通常遗留痕迹、指纹、脚印、物证等；盗窃手段和方法常带有习惯性；

有被盗窃的赃款、赃物可查。由于客观场所和作案主体的特殊性，决定了高校盗窃案件有以下一系列特点：

1. 时间上的选择性

作案人员在有人的情况下是不行窃的，而在作案地点无人的空隙实施盗窃。例如，上课期间，同学们都去教室上课了，作案人便会光顾宿舍；下班的时间或节假日期间，实验室、办公室、财会室、计算机室通常均处于无人状态，作案人便会乘隙而入。

2. 目标上的准确性

高校中内盗案件比较多。财会室、计算机室在什么位置，作案人都掌握得一清二楚；哪个学生有钱或贵重物品，常放在什么地方，有没有锁在箱子中或柜子里，钥匙放在何处，作案人员都基本上了解。不动手便罢，一旦动手目标十分准确，常很快便得手。

3. 技术上的智能性

高校中盗窃案件的作案人员，一般以高学历、高智商的人为多，有的本身就是大学生。他们智力超群、比较聪明，盗窃技能高于一般盗窃作案人员。他们经常会用你的钥匙开你的锁，或用易拉罐皮制作“万能”钥匙等，进行智能型违法犯罪活动。

4. 作案上的连续性

如上所述，正是由于作案人员比较“聪明”，所以其第一次作案很容易得手。“首战告捷”以后，作案人员往往产生侥幸心理，加之报案的滞后性或破案的延迟性，作案人员极易屡屡作案而形成一定的连续性。

(二)高校盗窃案件的行窃方式

a. 顺手牵羊　指作案人员趁主人不备将放在桌上、走廊、阳台等处的钱物信手拈来而占为己有。

b. 乘虚而入　指作案人员趁主人不在、房门抽屉未锁之机入室行窃。这类盗窃手段要比“顺手牵羊”者目的性强，其胃口也比“顺手牵羊”者更大，不管是现金、存折、信用卡或者是贵重物品，只要让他看到，都有可能被盗走。

c. 窗外钓鱼　指作案人员用竹竿等工具在窗外将被害人的衣服钩走。有的甚至把纱窗弄坏，钩走被害人放在桌上、床上的衣物。因此，住在一楼或其他楼层靠近走廊窗户的同学，如果缺乏警惕就很容易受害。

d. 翻窗入室　指作案人员翻越没有牢固防范设施的窗户、气窗等入室行窃。入室窃得所要钱物后，常又堂而皇之地从大门离去，因此，窃贼有时不易被发现。

e. 撬门扭锁　指作案人员使用各种工具撬开门锁入室行窃。

f. 熟人盗窃　指作案人员用 A 随手乱丢的钥匙，趁 A 不在宿舍时打开 A 的锁，包括门锁、抽屉锁、箱子上的锁，从而盗走现金和贵重物品等。这类作案人员大都是与 A 比较熟悉的人。

(三) 防盗的基本方法

防盗的基本方法有人防、物防和技防 3 种。其中，人防是预防和制止盗窃犯罪唯一可靠的方法；物防，是一种应用最为广泛的基础防护措施；而技术防范，则是可即时发现入侵、能够替代人员守护且不会疲劳和懈怠、可长时间处于戒备状态的、更加隐蔽可靠的一种防范措施。对于大学生来说，最重要的是做好教室和学生宿舍的防盗工作，保护好自己和同学的财物。这不仅是个人的事，而且也是全宿舍、全班乃至全校学生共同关心的大事。

学生宿舍和教室的防盗工作，要注意做到以下几点：

(1) 最后离开教室或宿舍的同学，要关好窗户、锁好门，千万不要怕麻烦。同学们一定要养成随手关灯、随手关窗、随手锁门的习惯，以防盗窃犯罪人乘隙而入。

(2) 不要留宿外来人员。大学生应该文明礼貌、热情好客，但决不能只讲义气、讲感情而不讲原则、不讲纪律。如果违反学校学生宿舍管理规定，随便留宿不知底细的人，就可能等于引狼入室而将会后悔莫及，这种教训是惨痛的。

(3) 发现形迹可疑的人应加强警惕、多加注意。作案人到教室和宿舍行窃时，往往要找各种借口，如找什么人或推销什么商品等，见管理松懈、进出自由、房门大开，便来回走动、窥测张望、摸清情况、瞅准机会后就撬门扭锁大肆盗窃。遇到这种可疑人员，同学们应主动上前询问，如果来人确有正当理由一般都能解释清楚；如果来人说不出正当理由又说不清学校的基本情况、疑点较多、神色慌张，则需要进一步盘问，必要时还可请他出示身份证、学生证、工作证等身份证明。经核实身份无误又未发现盗窃证据的，可交值班人员记录其姓名、证件号码、进出时间后请其离去。如果发现来人携有可能是作案工具或赃物等证据时，可派人与其交谈以拖延时间，同时打电话给学校保卫部门汇报情况。

(4)同学们应积极参加教室和宿舍等区域的安全值班，协助学校保卫部门做好安全防范工作。通过参加值班、巡逻等安全防范工作实践，不仅可保护自己和他人财物的安全，而且还可增强安全防盗意识，锻炼和增长自己社会实践的才干。

(5)注意保管好自己的钥匙，包括教室、宿舍、箱包、抽屉等处的各种钥匙，不能随便借给他人或乱丢乱放，以防“不速之客”复制或伺机行窃。

(四)几种特殊易盗物品的防盗措施

a. 现金　现金是一切盗窃分子图谋的首选对象，最好的保管办法是将其存入银行。尤其是数额较大时，更应及时存入银行。密码应选择容易记忆且又不易解密的数字，尽量不要选用自己的出生日期做密码，因为比较容易被破解。特别要注意的是，存折、储蓄卡、信用卡等不要与自己的身份证、学生证等证件放在一起，以防被盗窃分子一起盗走后冒领。在银行存取款时，核对密码要轻声、快捷，切忌旁若无人、高声宣读。发现存折丢失后，应立即到开户银行挂失。

b. 各类有价证卡　目前，大部分学校已广泛使用各种银行发行的信用卡进行账目结算，学生无须携带大额现金来校缴费，食堂也普遍使用各类磁卡买饭，电话磁卡也早已普及。这些有价证卡应当妥善保管，防止丢失或被人盗用。各类有价证卡最好的保管方法就是放在自己贴身的衣袋内，袋口应配有纽扣或拉链。所用密码一定要注意保密，不要轻易告诉任何人，以防身边有“不速之客”。如果参加体育锻炼等必须更换衣服的活动时，应将各类有价证卡锁在自己的箱子里，并保管好自己的钥匙。

c. 自行车　自行车被盗是社会的一大公害，校园内也不例外。学生一定要给自己的自行车安装防盗车锁，养成随停随锁的习惯。骑车去公共场所，最好花钱将车停在存车处。如停放时间较长，最好加固防盗设施，如将车锁固定在物体上或将车停放在室内。自行车一旦丢失，应立即到学校保卫部门报案，并提供有效证件、证明及其他有关情况，以便及时查找。

d. 贵重物品　如电脑、手机、高档衣物等，较长时间不用的应该带回家中或交给可靠的人代为保管。暂不使用时，最好锁在保险柜或箱(柜)子里，以防被顺手牵羊、乘虚而入者盗走。寝室的门锁最好是能防撬的，易于翻越的窗户要加防盗网，门锁钥匙不要随便乱放或丢失。在价值较高的贵重物品、衣服上，最好有意地做上一些特殊记号，即使被偷走，将来找回的可能性也会大一些。

（五）发生盗窃案件的应对办法

一旦发生盗窃案件，同学们一定要冷静应对：

（1）立即报告学校保卫部门，同时封锁和保护现场，不准任何人进入。不得翻动现场的物品，切不可急急忙忙地去查看自己的物品是否丢失。这对公安人员准确分析、正确判断侦察范围和收集罪证，有十分重要的意义。

（2）发现嫌疑人，应立即组织同学进行堵截，力争捉拿。

（3）配合调查，实事求是地回答公安部门和保卫人员提出的问题。积极主动地提供线索，不得隐瞒情况不报，学校保卫部门和公安机关有义务、有责任为提供情况的同学保密。

（4）如果发现银行卡或存折被窃，应当尽快到银行挂失。

二、学生如何防骗

诈骗，是指以非法占有为目的、用虚构事实或隐瞒真相的方法骗取款额较大的公私财物的行为。由于它一般不使用暴力，而是在一派平静甚至“愉快”的气氛下进行的，受害者往往会上当。

提防和惩治诈骗分子，除需要依靠社会的力量和法律制裁以外，更主要的还是大学生自身的谨慎防范和努力，认清诈骗分子的惯用伎俩，以防止上当受骗。

（一）校内诈骗作案的主要手段

1. 假冒身份，流窜作案

诈骗分子往往利用假名片、假身份证与人进行交往，有的还利用捡到的身份证等在银行设立账号提取骗款。骗子为了既能骗得财物又不暴露马脚，通常采用游击方式流窜作案，财物到手后立即逃离。还有人以骗到的钱财、名片、身份证、信誉等为资本，再去诈骗他人、重复作案。

2. 投其所好，引诱上钩

一些诈骗分子往往利用被害人急于就业等心理，投其所好、应其所急施展诡计而骗取财物。某高校应届毕业生丁某为找工作，经过人托人再托人后结识了自称与某公司经理儿媳妇有深交的哥们儿何某，何某称“只要交 800 元介绍费，找工作没问题”，谁知何某拿到了介绍费以后便无影无踪了。

3. 真实身份，虚假合同

利用假合同或无效合同诈骗的案件，近几年有所增加。一些骗子利用高校学生经验少、法律意识差、急于赚钱补贴生活的心理，常以公司名义、虚假的身份让学生为其推销产品，事后却不兑现诺言和酬金而使学生上当受骗。对于类似的案件，由于事先没有完备的合同手续，处理起来比较困难，往往时间拖得很长，花费了许多精力却得不到应有的回报。

4. 借贷为名，骗钱为实

有的骗子利用人们贪图便宜的心理，以高利集资为诱饵，使部分教师和学生上当受骗。个别学生常以“急于用钱”为借口向其他同学借钱，然后却挥霍一空，要债的追紧了就再向其他同学借款补洞，拖到毕业一走了之。

5. 以次充好，恶意行骗

一些骗子利用教师、学生“识货”经验少又苛求物美价廉的特点，上门推销各种产品而使师生上当受骗。更有一些到办公室、学生宿舍推销产品的人，一发现室内无人，就会顺手牵羊、溜之大吉。

6. 招聘为名，设置骗局

为了减轻家庭负担，勤工俭学已成为大学生谋生求学的重要手段。诈骗分子往往利用这一机会，用招聘的名义对一些“无知”学生设置骗局，骗取介绍费、押金、报名费等。某高校几位学生通过所谓的“家教中介”机构联系家教业务，交了中介费后，拿到手的只是几个联系的电话号码，联系后，对方

以“并不需要家教”，或者“联系迟了”为由拒绝了他们，而“家教中介”拒绝退还中介费。

7. 骗取信任，寻机作案

诈骗分子常利用一切机会与大学生拉关系、套近乎，或表现出相见恨晚、故作热情，或表现得十分感慨以朋友相称，骗取信任后再寻机作案。诈骗分子何某在火车上遇到某高校回家度假的学生杨某，交谈中摸清了该同学家庭和朋友的一些情况。何某得知杨某同班好友李某假期留校后，便返身到该校去找李某，骗得李某的信任后受到了热情款待。第二天，8 个学生寝室遂被洗劫一空，而何某却不辞而别了。

（二）高校诈骗案件的预防措施

1. 提高防范意识，学会自我保护

社会环境千变万化，青年大学生必须尽快适应环境，学会自我保护。要积极参加学校组织的法制和安全防范教育活动，多知道、多了解、多掌握一些防范知识对自己有百利而无一害。在日常生活中，要做到不贪图便宜、不谋取私利；在提倡助人为乐、奉献爱心的同时，提高警惕性，不轻信花言巧语；不把自己的家庭地址等情况随便告诉陌生人，以免上当受骗；不用不正当的手段谋求择业和出国；发现可疑人员及时报告，上当受骗后及时报案、大胆揭发，使犯罪分子受到应有的法律制裁。

2. 交友要谨慎，避免以感情代替理智

人的感情是主体与客体的交流，既是主观体验也是对外界的反映，本身应该包含合理的理智成分。如果只凭感情用事、一味“跟着感觉走”，往往容易上当受骗。交友最基本的原则有两条：一是择其善者而从之，真正的朋友应该建立在志同道合、高尚的道德情操基础之上，是真诚的感情交流而不是简单的利益关系，要学会了解、理解和谅解；二是严格做到“四戒”，即戒交低级下流之辈，戒交挥金如土之流，戒交吃喝嫖赌之徒，戒交游手好闲之人。与人交往要区别对待，保持应有的理智。对于熟人或朋友介绍的人，要学会“听其言，察其色，辨其行”而不能“一是朋友，都是朋友”。对于“初相识的朋友”，不要轻易“掏心窝子”，更不能言听计从、受其摆布利用。对于那些“来如风雨，去如微尘”的上门客，态度要热情、处置要小心，尽量不为他们提供单独行动的时间和空间，以避免给犯罪分子创造作案条件。

3. 同学之间要相互沟通、相互帮助

在大学里，无论哪个学院、哪个专业，班集体总是校园中一个最基本的组织形式。在这个集体中，大家向往着同一个学习目标，生活和学习是统一的、同步的，同学间、师生间的友谊比什么都珍贵，因此相互间应该加强沟通、互相帮助。有些同学习惯于把个人之间的交往看做是个人隐私，但必须了解，既然是交往就不存在绝对保密。有些交往关系，在自己认为适合的范围内适当透露或公开，更适合安全需要，特别是在自己觉得可能会吃亏上当时，与同学有所沟通或许就会得到一些帮助并避免受害。

4. 服从校园管理，自觉遵守校纪校规

为了加强校园管理，学校制订了一系列管理制度和规定。制度，是用来约束人们行为的，在执行过程中可能会给同学们带来一些不便；但是制度却是必不可缺的，因为，绝大多数校园管理制度都是为控制闲杂人员和犯罪分子混入校园作案，以维护学生正当权益和校园秩序而制定的。因此，同学们一定要认真执行有关规定，自觉遵守校纪校规，积极支持有关部门履行管理职能，并努力发挥自己的应有作用。

（三）银行卡汇款诈骗的处理

（1）首先，如果你发现自己被诈骗了，那么你应该第一时间去公安局报案，提供被骗过程，这时候可以要求警察陪同你去银行办理冻结银行卡的手续，以防诈骗犯对你的银行账户进行转账操作。

（2）如果你被骗转账，那么你可以向警方提供诈骗犯的银行卡号，通过卡号可以查询到该卡的开户点并且可以查询到资金流向，警方也可以通过银行卡号获取到诈骗犯的个人信息。

（3）如果你的银行卡号和密码被诈骗犯获取了，那么你可以立刻登录银行官网，输入 3 次错误的密码，然后再去 ATM 机进行相同的操作，这样你的银行账号就会被冻结，诈骗犯也就没办法对你的银行卡进行操作了。

第七节　抵制校园不良网络信贷

就读于河南某高校的郑同学喜欢足球，却误入歧途开始买足球彩票。由2元起步，慢慢尝到甜头的他加大投注，虽然也侥幸地中过7000元的大奖，但他并没有停止赌球反而越陷越深。直到把赢的钱和生活费都输光后，他想到了贷款。输的越多，他就越想一把捞回。郑同学凭借班里同学对他的信任，以28位同学之名向14家网络分期、小额贷款平台借贷购彩。他收入不多的父亲听说儿子赌球后，帮儿子还了两笔钱：一次7万，一次3万。尽管如此，借贷的雪球还是越滚越大，就这样郑同学被自己逼上绝路，无力偿还近60万元的债务。今年3月9日，他发在班级微信群的一条语音告诉同学们，可以过些日子联合起来告他诈骗；他给父母发送最后一条短信后，从青岛一家宾馆八楼跳下，结束了年仅21岁的生命。

随着越来越多的大学生使用网络贷款，教师和家长成了“隐性担保人”，为了还款，有的学生陷入“拆东墙、补西墙”的恶性循环。近年来校园贷的不规范发展，诱导学生过度消费，甚至陷入“高利贷”陷阱。

作为互联网时代的一种金融创新，校园网络贷款的初衷无可指摘。当前，高校里确实有些大学生存在创业、消费等现实的金融服务需求。但是，校园网络贷款平台若无序发展，就必然会埋下相关风险。目前一些校园网络贷款平台就存在以下问题：

其一，缺乏必要的风险控制意识和机制。校园网络贷款平台大多宣传“1分钟申请，10分钟审核，快至1天放款，0抵押0担保”，申贷门槛低，手续非常简单，甚至不需要贷款者本人亲自办理。类似无偿还能力的贷款一旦积聚起来，可能给网贷平台带来风险。

其二，缺乏监管主体和必要监管。校园网贷属于互联网金融，而当前我国实行的是金融分业监管，对于互联网金融监管，有些地方并没有做到位。虽然知道许多大学生并不具备支付能力，某些网络信贷机构却将其作为“摇钱树”客户群来发展，刺激学生非理性借贷和消费。

其三，缺乏必要的金融知识和正确的消费观。根据此前的一些报道，校园网络贷款很少被用于大学生创新创业，更多被用于个人消费，尤其对手机、电脑等相对昂贵的电子产品的消费。由于不少大学生缺乏基本的金融知识，对贷款利息、违约金、滞纳金等收费项目的计算方式和额度并不知晓，极有可能因网贷而背上沉重的债务，甚至陷入“拆东墙补西墙”的连环债务之中，最终还是要父母兜底，或酿成其他苦果。

一、校园网络借贷的风险

1. 虚假、片面宣传忽视风险

目前的校园网络借贷平台，出于抢占市场和竞争的需要，普遍存在虚假、片面宣传的现象。比如，隐瞒或模糊实际资费标准、逾期滞纳金、违约金等，学生直到真正签约借钱或产生了逾期后，才会意识到问题的严重性。

2. 借款实际费率普遍很高

以某分期平台的产品“某白条”为例，借款3000元，借款期限1个月、3个月、6个月、12个月对应的年利率分别为24.0%、17.5%、15.4%、13.5%。

据银率网数据库不完全统计，目前涉及校园借贷的平台，借款利率普遍较高，甚至在20%左右，借款学生要付的年利率至少在25%以上。

3. 诱导了学生过度借款

“凭学生证即可在线办理”，诸如此类，很多平台根本不去考虑学生的还款能力、还款来源，是一种极不负责任的行为。在河南某大学学生小郑假借同学的名义就能轻易获得几十万元的贷款，可见很多平台的审核和风控几乎形同虚设。

此外，各校园贷平台之间对同一借款人的借款信息没有数据共享，同一借款人可能在多家平台同时借款，导致其负债额度过大，一旦出现问题就会比较严重。

4. 采用不文明催收手段

借钱太容易了，就会难以自控，但当还不起钱的时候，校园贷平台可就没那么好说话了。很多校园贷平台普遍存在不文明的催收手段，比如“关系催收”，学生借款时被要求填写数名同学、朋友或亲属的真实联系方式，如果不能按时还款，平台就会把其逾期信息告知该学生的关系圈，严重干扰和伤害了借款学生。这些方式，是对学生权利的一种侵害，但却成为很多平台的常态。

与正规金融机构发放的信用贷款相比，校园贷有两个突出特点，一是对申请者信用、还款能力等的审核过度宽松，有的完全形同虚设，大学生只需提交学生证、身份证、联系人信息等材料，就可以轻易获得贷款，有人冒用其他同学的证件也轻松获得贷款。二是采用“轰炸式提醒”、威胁通知家长和老师以及暴力恐吓、株连亲朋等手段催债逼债，给大学生施加巨大的压力。如果是正规的金融机构，必定要对申请贷款者进行严格的资格信用审核，绝不会像校园贷那样故意滥发贷款于前，以暴力、株连手段恶意追债于后。

在校大学生大多数没有稳定、丰厚的收入，学费、生活费和其他开销都主要依靠父母提供，他们原本不应成为金融机构竞相放贷的对象。而各网络平台之所以满校园“追”着大学生放贷，接着又满世界“追”着他们还债，就是因为他们认为拿住了大学生的“软肋”——如果大学生无力偿还贷款，他们的父母必定要出手相救，而绝不会坐视不管。

所以，校园贷平台尽管从一开始就知道大学生很可能无力还贷，还是大张旗鼓蛊惑大学生“花明天的钱、圆今天的梦”；等到大学生不能按时还款，校园贷平台就使出各种催债逼债手段，将大学生作为“人质”，迫使他们的父母替他们还钱。他们的这些手段虽然屡屡奏效，但也难免碰到像河南某高校小郑同学那样的普通学生，或者不敢找父母要钱来还债，或者父母也的确无力替他们还债，校园贷就会把小郑们逼上绝路，酿成恶性事件或惨痛的悲剧。

二、大学生如何防范校园贷风险

校园贷的市场乱象终于引起监管部门的关注，日前，教育部、银监会联合印发了《关于加强校园不良网络借贷风险防范和教育引导工作的通知》。《通知》指出要加大校园不良网络借贷监管力度，这对规范校园贷市场，引导学生形成正确的消费观和健康发展，会起到积极的影响。面对疯狂的校园贷，大学生也要正确地认识和把控自己，提高风险防范意识，避免上当受骗或误入歧途。

首先，要建立文明、理性、科学的消费观，拒绝过度消费、超前消费。

社会心态浮躁、攀比之风盛行，也会影响到校园，如果大学生不能建立正确的消费观，就可能会误入歧途。大学生的首要任务，还是要努力学习知识、掌握技能、提高能力，踏入社会之后才能有所成就。过早的吃喝玩乐、享受生活，只会适得其反，君不闻“少不学，老何为”？

其次，积极学习金融知识，提升金融理财实践能力，提高风险识别能力、风险防范意识。

每个人都会和金融打交道，无论学什么专业，多掌握一些金融知识，提高自己的金融能力，对未来生活都大有裨益。有金融，就会有风险，特别是在投资理财、借贷等领域，会有很多陷阱和骗局，因此，提高风险识别能力、风险防范意识也非常重要。

再次，结合自身需要，选择最恰当、对自己最有利的借款方式。

对保障性需求，国家有助学金等各项资助政策，有困难的大学生没必要碍于面子而让自己陷入困境。对一些临时性的需求，大学生可通过校园社区银行等机构解决。

最后，从校园贷平台借款，一定要了解清楚相关细节，并签署正规合同。如果一定要通过校园贷平台借款，有如下几点需要注意。其一，选择有资质、合规的平台；其二，详细了解利率、还款期限、逾期后果等细节，避免陷入高利贷陷阱；其三，评估并制订合理的还款计划。

第八节　活动伤害事故的预防和处理

学生在进行集体活动时，因学生个人原因或外界客观原因而造成的事故的情况时有发生。引发活动伤害事故的原因很多，如，课间学生追逐、打闹；参加社会实践活动；学校使用的教育教学和生活设施、设备不符合国家安全标准；学校的场地、房屋和设备等维护、管理不当；学校组织体育运动会和体育课等未采取必要的安全防护措施或未进行必要的教育；实验操作不当等。这就要求学生应具备相应的应急措施。

一、活动伤害事故的类型

(1)学生上体育课导致的伤害事故。

(2)学校组织的校内外活动造成的伤害事故。

(3)学校建筑物存在质量问题或不符合标准造成的伤害事故。

(4)学生之间的互相嬉戏、玩耍造成的伤害事故。

二、活动伤害事故的预防

（1）学校应加强对学生的思想教育、增强防范意识。

（2）完善活动设施建设和管理，运动场地要保持平整，球架、栏杆等要定期检修。

（3）教学和训练、竞赛活动必须精心设计、严密组织、严格要求、严格训练。

（4）建立良好教学秩序，重视课前准备，精密组织教学，加强纪律教育，培养学生自我保护、相互保护的意识。

（5）掌握合理的运动量，注意对不同体格的学生区别对待。

（6）重视准备活动，加强医务监督，加强保护措施，教会学生“爱护好他人，保护好自己”。

三、活动伤害事故的处理

1. 课间活动安全常识

（1）室外空气新鲜，课间活动应当尽量在室外，但不要远离教室，以免耽误后面的课程。

（2）活动的强度要适当，不要做剧烈的活动，以保证后续上课时不会疲劳、精力集中、精神饱满。

（3）活动的方式要简便易行，如做操、跑步等。

（4）活动要注意安全，避免发生扭伤、碰伤等危险。

2. 运动会、体育课安全常识

（1）衣服上不要别胸针、校徽、证章等。

（2）上衣、裤子口袋里不要装钥匙、小刀等坚硬、尖锐锋利的物品。

（3）不要佩戴各种金属或玻璃饰物。

（4）头上不要戴各种发卡。

（5）患有近视的学生，如果不戴眼镜可以上体育课，就尽量不要戴眼镜。如果必须戴眼镜，做动作时一定要小心谨慎。做垫上运动时，必须摘下眼镜。

（6）不要穿塑料底鞋或皮鞋，应当穿球鞋或一般胶底布鞋。

（7）衣服要宽松合体，最好不穿纽扣多、拉锁多或者有金属饰物的服装。有条件的应该穿着运动服。

3. 室内活动安全常识

(1)防磕碰。

(2)防滑、防摔。

(3)防坠落。

(4)防挤压。

(5)防火灾。

(6)防意外伤害。

4. 户外活动安全常识

(1)备齐自身必须物品，穿着适宜。

(2)活动中不随便单独行动，应结伴而行，防止发生意外。

(3)不要随便采摘、食用蘑菇、野菜和野果，或者触碰各种小动物，以免发生中毒现象。

(4)千万不要在危险的地带停留过久，如在悬崖边拍照等，以防发生意外。

第九节 触电事故的预防与处理

触电是电击伤的俗称，通常是指人体直接触及电源或高压电经过空气或其他导电介质传递电流通过人体时引起的组织损伤和功能障碍，重者发生心跳和呼吸骤停。超过1000伏的高压电还可引起灼伤。闪电损伤(雷击)属于高压电损伤范畴。进行触电急救，应坚持迅速、就地、准确、坚持的原则。触电急救必须分秒必争，立即就地用心肺复苏法进行抢救，并坚持不断地进行，同时及早与医疗部门联系，争取医务人员接替救治。

一、触电事故的类型

(1)单相触电。
(2)两相触电。
(3)跨步电压与接触电压触电。
(4)感应电压触电。
(5)雷击触电。

二、触电事故的预防

(1)损坏的开关、插座、电线等应赶快修理或更换，不能将就使用。

(2)人走灯灭，手机充电完毕及时拔掉充电器。

(3)屋内电线太乱或发生问题时，不能私自摆弄。

(4)不私拉乱接电线，不使用大功率电器。

(5)不要用湿手、湿脚动用电气设备，也不要碰开关和插销，以免触电。

(6)不要用湿抹布擦电线、开关和插座，也不要用水冲洗电线及各种用电器具、电灯和收音机等。

(7)晒衣服或搭手巾时不要搭在电线上。

(8)移动台灯、电脑、电视机等电气用具时，必须先断开电源，然后再移动。

三、触电事故的处理

(1)首先要切断电源。

(2)将触电者与带电设备脱离。

(3)触电者未脱离电源前，救护人员不能直接用手触及伤员，因为有触电的危险。

(4)触电者触及低压带电设备，救护人员应设法迅速切断电源。如拉开电源开关或刀闸，拔除电源插头等；或使用绝缘工具，如干燥的木棒、木板、绳索等不导电的东西解脱触电者；也可戴绝缘手套或将手用干燥衣物等包起绝缘后解脱触电者。如果电流通过触电者入地，并且触电者紧握电线，可设法将干木板塞到触电者身下，与地隔离，也可用干木把斧子或有绝缘柄的钳子等将电线剪断。剪断电线要分相，一根一根地剪断，并尽可能站在绝缘物体或干木板上。

(5)救护触电伤员切除电源时，有时会同时使照明失电，因此应准备事故照明、应急灯等临时照明。新的照明要符合使用场所防火、防爆的要求。

第十节　性侵害事故的预防与处理

一般认为，只要是一方通过语言的或形体的有关性内容的侵犯或暗示，从而给另一方造成心理上的反感、压抑和恐慌的，都可构成性骚扰。性侵害，主要是指在性方面造成的对受害人的伤害。性骚扰和性侵害是危害大学生身心健康的主要问题之一。由于两性的社会地位和角色不同，相对而言，性骚扰和性侵害的对象常以女性为多。因此，大学生，特别是女大学生了解一些性侵害和性骚扰的基本情况、掌握一些基本应对办法，是很有必要的。

一、性侵害事故的类型

1. 暴力型性骚扰

犯罪分子使用暴力或野蛮等手段，如携带凶器威胁，或以言语恐吓，从而对女大学生实施调戏、猥亵或强奸等行为。特点如下：①手段残暴，行为无耻。②大多为群体性。人多势众可以较为容易地制服被害人，还会使原本不敢作案的犯罪分子变得胆大妄为。③容易诱发其他犯罪。

2. 胁迫型性骚扰

利用自己的权势或地位，对有求于自己的受害人加以利诱或威胁，从而强迫受害人与其发生非暴力型的性行为。特点如下：①乘人之危，迫使受害人就范。②设置圈套，引诱受害人上钩。③利用过错或隐私，要挟受害人。

3. 社交型性骚扰

与受害人约会的大多是熟人、同学、同乡，甚至是男朋友。受害人身心受到伤害以后，往往出于各种考虑不敢予以告发。

4. 诱惑型性骚扰

利用受害人追求享乐、贪图钱财的心理，诱惑受害人。

5. 滋扰型性骚扰

一是无端向女性寻衅滋事、纠缠，用污言秽语进行挑逗或做出下流举动；二是暴露生殖器等变态型性滋扰；三是利用靠近女性的机会，在公共场所有意识地接触女性身体等。

二、容易遭受性骚扰性侵害的时间和场所

(1)夏天，是女性容易遭受性侵害的季节。夏天天气炎热，女性夜生活时间延长，外出机会增多。夏季校园内绿树成荫，罪犯作案后容易藏身或逃脱。同时，由于夏季气温比较高，女性衣着单薄，裸露部分较多，因而对异性的刺激增多。

(2)夜晚，是女性容易遭受性侵害的时间。这是因为，夜间光线暗，犯罪分子作案时不容易被人发现。所以，在夜间女性应尽量减少到僻静、灯光暗的地方。

(3)公共场所和僻静处所，是女性容易遭受性侵害的地方。这是因为，公共场所如教室、礼堂、舞池、溜冰场、游泳池、车站、码头、影院等场所人多拥挤时，不法分子常乘机袭击女性；僻静之处如公园假山、树林深处、夹道小巷、楼顶晒台、没有路灯的街道楼边、尚未交付使用的新建筑物内、下班后的电梯内、无人居住的小屋、陋室、茅棚等，若女性单独逗留，很容易遭受到流氓骚扰。所以，女性最好不要单独行走或逗留在上述这些地方。

三、性侵害事故的预防

(1)筑起思想防线，提高识别能力。尤其是应该消除贪小便宜的心理。

(2)行为端正，态度明朗。如果有陌生人搭讪，不要理睬，除了眼神示意还可直接用言语提出警告，坚决表明自己的拒绝态度，使对方知难而退。

(3)用法律保护自己。对于失去理智、纠缠不清的无赖，女生千万不要惧怕他们的要挟和讹诈，也不要怕他们打击报复。要大胆揭发其阴谋或不轨，及时向校方报告，学会依靠组织和运用法律武器保护自己。千万注意不能“私了”，因为“私了”的结果常会使犯罪分子得寸进尺。如果侵扰经常发生，要将发生的时间、地点、场合以及对方的行为和谈话的内容记录下来，便于为以后的投诉提供证据。

(4)夜间行路保持警惕。如果在校园内行走，要选择灯光明亮、行人较多的大道。对于路边黑暗处女生要有戒备，最好结伴而行，不要单独行走。如果走校外陌生道路，要选择有路灯和行人较多的路线。

(5)陌生人问路，不要带路。如遇到陌生人有困难或寻求帮助时，可请保安或警察协助。

(6)女生应避免穿着过分暴露的衣服，防止引起不法之徒的邪念。不要搭乘陌生人的机动车或自行车等，防止落入坏人的圈套。

(7)遇到不怀好意的人挑逗，要及时斥责，表现出自己的强硬态度。如果碰上坏人，首先要高声呼救；若四周无人，切莫紧张，要保持冷静，可采取周旋、拖延时间等办法等待救援。

(8)一旦不幸遭遇侵害，不要丧失信心，要振作精神，鼓起勇气保护自己的权益。要尽量记住犯罪分子的外貌特征，如身高、相貌、体型、口音、服饰以及特殊标记等，受到侵害应及时向公安机关报警，并提供证据和线索，协助公安部门侦查破案。

四、专家提醒

(一)行路安全防范

(1)陌生人问路，不要带路；向陌生人问路，也不要让他带路。

(2)不要搭乘陌生人的机动车、人力车或自行车，防止落入坏人圈套。

(3)不要穿过分暴露的衣裳和裙子，防止产生不良诱惑，危害自身。

(4)夜间行路要高度警惕，尽量走灯火明亮、行人较多的大道；行至路边黑暗处要有戒备；最好结伴而行，避免单独行走。

(二)夜间预防盯梢

女生单独夜行时，要注意身后是否有人盯梢，特别是在偏僻的路段，如身后始终有人跟在不远处，要提高警惕。当发现有人跟踪时，可以试一试以下方式：

(1)快速横穿马路，若还被紧跟，则要快速向灯光较亮、行人集中的地方行走。

(2)确定被跟踪时，应避免停下来与对方正面冲突，而应就近进入热闹的商店或有治安人员的地方，或找最近的居民家向主人求援，并打电话与家人朋友联系。

(三)单独乘车安全

女生单独坐出租车时，应注意：最好要记住出租车所属公司、车牌号和司机的特征；最好让朋友送你上车，并记下车牌号，在车窗外与你约定通话时间；上车时要特别注意观察车内有无异状，随时提高警惕；必要时，可请家人在目的地光亮处等候。

(四)女生求职防侵害

假期里学生寻找兼职工作时，也要注意防范：对于广告内容不明的，切勿前往应试；对拟前往应试的公司要打听清楚，确认其声誉、信用可靠的，才可前往求职；面试最好有朋友陪同前往，并事先携带防身物品；面谈时，不要轻易接受男性职员的饮料或点心，切莫将身份证交给应聘的公司。

(五)女生喝酒不宜多

参加朋友的聚餐或应酬，饮酒要量力而行，勿逞能豪饮，受到称赞也不要飘飘然，既要防止酒后失态尴尬，又要防止一些伪君子假借醉意非礼。

(六)如何应对歹徒施暴

女生面对歹徒施暴时，可采取以下 3 种方法来自救：

(1)在发现歹徒欲行不轨而体格较小时，可抡起手提包或其他触手可及的物品向对方眼部猛扎去，同时大声呼救，借机逃脱。

(2)在尚无防备时被歹徒捂住嘴巴并拖至僻静处时，头脑要冷静，作出异常恐惧状，待其放松戒心，乘其不备用膝盖猛顶其裆部，或抓一把沙土掷向歹徒的眼睛、耳朵、鼻子等易受攻击的部位。

(3)在势单力薄无法摆脱时，要注意记住歹徒的体貌特征，脱险后及时报警。

第十一节　心理伤害事故的预防与处理

人生下来就有心理活动。可以说一切成就、智慧、财富和幸福都与心理素质有关，良好的心理素质是二十一世纪人生存和发展的重要资本。具体而言，人的心理是以人脑为物质基础的，是人脑的高级机能。没有人脑，人的一切心理活动都无从谈起；心理是人脑对客观现实的主观反映。心理学家通常把心理现象划分为心理过程和个性心理两大部分。心理过程主要是指人对事物的认识过程中的心理现象，包括感觉、知觉、记忆、思维、想象等成分。而个性心理主要指个人所具有或在个人心理上所发生的心理现象，包括需要、动机、兴趣、价值观等个性倾向性和能力、气质、性格等个性心理特征。

世界卫生组织认为，健康包括身体健康、心理健康、社会适应和道德健康。我国有的学者指出，健康的含义至少包括四个因素，即：身体各部分发育正常，功能健康，没有疾病；体质坚强，对疾病有高度的抵抗力，并能吃苦耐劳，担负各种艰巨繁重的任务，经受各种自然环境的考验；精力充沛，能经常保持有较高的效率；意志坚定，情绪正常，精神饱满。可见，健康已经不仅仅指没有生理疾病，而是指包括生理、心理、社会等多方面的内容，是生理健康和心理健康的有机统一。

心理伤害是指外界的因素对人的心理方面造成暂时或永久的消极影响，心理伤害对人心理健康发展的影响是巨大的。

一、心理伤害事故的类型

1. 师源性心理伤害

所谓师源性心理伤害，是由于教师不当的教育教学行为给学生造成的心理伤害。师源性心理伤害的实质是由于教师自身的心理素质和心理健康水平不佳，对学生的身心健康造成的消极影响。教师心理健康水平对学生会产生不可磨灭的影响，其影响的广泛性、深刻性和难以修复性是其他任何形式的教育不可比拟的，要减少和消除学生师源性心理伤害，必须提高教师自身的心理素质。

2. 抑郁症

以心境低落为主，与处境不相称，可以从闷闷不乐到悲痛欲绝，甚至发生木僵。严重者可出现幻觉、妄想等精神病性症状。某些病例的焦虑与运动性激越很显著。

3. 情感性精神障碍抑郁发作

又称内源性抑郁症，无明显心理社会因素而起病，病情较重，常表现为精神运动迟滞；抑郁症状时可伴有精神病性症状，如妄想、幻觉、自罪自责；尚有生物学方面改变，如抑郁情绪常有昼重夜轻的节律改变，早醒性失眠，非躯体因素所致明显体重下降；严重的自杀企图或自杀未遂的历史及家庭史，既往的双相发作史，或3次的单相抑郁发作史，易与抑郁性神经症相鉴别。

4. 神经衰弱

有时有抑郁症状，但神经衰弱临床表现为主要以兴奋与易疲乏为特征，抑郁症状不是首发症状，而是继发性症状，很少有兴趣减退、轻生观念、自我评价过低等，相伴产生的抑郁不是持久的情绪低落，易于识别。

二、心理健康与成才

心理健康是健康素质的重要内容，是大学生在学习、生活、成长中实现人生理想和成为高素质人才的前提，也是大学生学会学习、掌握科学文化知识的必备条件。

第一，心理健康关系到大学生学业成败。

大学生的主要任务是学习科学文化知识，全面提高职业能力水平。大学生学习的过程是一场集脑力劳动和体力劳动于一身的十分艰苦的活动。在这一过程中，大学生的心理健康状况与学业成败相互联系、相互制约。一方面，心理不健康将间接影响智能活动。健康的心理关系到身体的健康，心理上的长期不健康状态，会导致生理上异常或病变，脑功能不能正常发挥，影响智力活动的进行，阻碍智力的发展。大学生在学习过程中，只有身体健康、精力充沛，他的大脑功能才能正常发挥作用并得到提高，从而提高其创新思维能力，取得学习和实践锻炼的优秀成绩。另一方面，不良的心理状态不利于学业完成，而学业不佳又反过来引起新的心理问题或者加剧原有的不良心理状态，进一步影响学业，形成恶性循环。

第二，心理健康影响到大学生知识结构的完善。

现代科学的发展要求大学生具有宽广的知识面，精深的专业知识，完善的知识结构。做到这些，必须有健康的心理。健康的心理是大学生学习知识的动力因素。只有心理健康者，才能形成对事物的兴趣、爱好、需求、动机、意志等学习所需要的品质。从现实生活中的实际情况看，有的大学生心理健康状况差，经常失眠，上课注意力不集中，情绪不稳定，人际关系不良，从而导致他们学习效果差、知识结构单一、能力水平较低。心理健康的大学生，精力充沛，学习效果良好，知识水平提高很快，知识结构合理。

第三，心理健康影响到大学生成才的规格和质量。

大学生作为社会成员，只有适应社会，才能生存发展，才能成才。心理健康不仅有助于树立正确的世界观、方法论，而且有助于掌握科学的思维方法。只有心理健康的人，才能够充分认识到社会对人才的要求，摆正自身在社会中的位置，树立积极进取的人生观，培养坚强的意志品质和调适心理压力的能力。同时，做到不居功不诿过，不计较个人名誉得失，自觉陶冶高尚道德情操，完善人格，成为高规格的人才。

现代社会是一个竞争的社会，也是合作的社会。合格的人才要具有优秀的心理品质，敢于积极参与竞争，在竞争中去发挥才干为社会作贡献。心理学家研究表明，一个人的成功 20% 依赖于智力因素，80% 依赖于非智力因素。所以要有健康的心态，友好地对待竞争对手，与他人合作，建立良好的人际关系，以取得更大的成绩。相反，如果没有健康的心理，处处以自我为中心，嫉妒他人，不尊重他人的劳动，就难以与他人友好合作，结果只能是孤家寡人，很难成为优秀的人才。

第四，心理健康影响大学生的身体健康。

心理健康对生理健康有重要的影响和促进作用。现代医学研究表明，在人体的疾病中有70%左右属于心身疾病。所谓心身疾病是指那些心理因素在疾病的发生和病程演变中起主导作用的躯体疾病。这充分表明心理健康在人的生理健康中发挥着重要作用，心理健康有助于生理机能的正常发挥和健康生理的形成，以及增强人体的免疫能力。心理健康的人，生理上有了疾病，比较容易治疗。例如，在日常生活中，某些大学生得病后，情绪稳定，自信心强，积极配合治疗，很快就恢复了健康。大学生只有具备了健康的心理，才能更好地维护生理健康，从而为成才打下坚实的身体基础。

三、大学生心理现状

近年来，大学生的心理健康问题已引起了社会的广泛关注。有数据表明，大学生心理健康状况不容乐观。有心理障碍倾向的占20%，有较严重心理障碍的占10%，严重的占1%。因心理问题休学、退学的现象时有发生，自杀、凶杀等一些反常或恶性事件不时见诸报端。大学生的心理健康问题主要体现在以下几个方面：

(一)迷茫与困惑

大学阶段，大学生处于自我确认、自我重塑的成长过程中，在这个过程中，一些同学往往体现出困惑丛生、无所适从的心理状态。我国绝大多数大学生在进入大学以前，很少接触社会，对纷繁复杂的社会现象缺乏了解，并且对社会的认识过于理想化。进入大学以后，大学生们对未来充满着希望，对未来有无限的期盼，当理想在现实面前不能得到实现时，理想与现实的冲突将在所难免，有的同学甚至产生了“厌学”心理。

(二)情绪波动与情感挫折

在大学生活中，大学生们既有对友情、爱情的追寻和渴望，也有情感的迷惑、失落，处理不好，就会受到压抑、抑郁等情绪的困扰。当今的大学生相当一部分为独生子女，同学们在家里受到家长们无微不至的关心和照顾，享受到家庭的温暖和父母无私的爱，进入大学以后，由于离开了家乡和父母，使一些同学感到难以适应大学生活，不能及时进入到大学的学习状态，产生了情绪波动。他们渴望关爱和友情，苦闷、孤寂、烦恼等情绪时时会袭扰同学们的内心。大学生进入大学以后，独立意识增强和独立生活能力弱的反差，也造成了比较大的心理压力。在性与恋爱上，开放的校园使性与恋爱成为大学生的重要话题，一些学生难以把握住自己，一旦出现问题就可能走向极端。

（三）学习与就业焦虑

焦虑是大学生中常见的情绪障碍，其中学习焦虑和就业焦虑尤为突出。高考竞争的胜利，使许多大学生受到教师、家长、亲朋好友的赞许，受到了未考入大学的同学的羡慕，其自信心、自豪感和优越感油然而生。然而，进入大学以后，许多同学发现自己来到了一个“人才云集”之地，昔日的高材生走到一起，一些同学没有了往昔的优势，学习压力增大。特别是有些同学发现自己已不是老师和同学关注的“中心”，产生了深深的失落感。自信心和失落感的相互交织，导致一些同学焦虑情绪的产生。近年来，日趋激烈的就业竞争给在校大学生带来新的压力，想到大学毕业以后面对的就业形势，也使部分同学处于焦急和忧虑之中。

（四）人际关系不适

大学生们的感情世界十分丰富而敏感，渴望与人交往，获得友谊、尊重和理解，希望能够找到一个同甘共苦、无话不说的知己。然而，不同的地域、不同的生活习惯、不同的性格、不同的兴趣爱好造成的差异和同学之间的相互竞争，又使得一些同学对人际交往产生了心理戒备，甚至形成闭锁心理。这种渴望交往与心理闭锁的矛盾，在心理上形成一个悖论，即一方面渴望与同学们真诚、平等地进行交往，渴望获得友谊、理解和尊重；但另一方面在与人交往的过程中，却怀有多疑、戒备、封闭的心理。对人际交往的期望值越高，在人际交往过程中的猜忌、戒备心理也越重，越是不愿轻易向他人敞露心扉，自我封闭的状态也就日益严重。反过来，自我封闭越严重，内心的孤独感也就越强，因而更加渴望与人交往，更加渴望真情和理解。封闭与交往的冲突，也是当前一些同学产生失落和自卑心理的重要原因之一。

四、大学生常见的心理问题

（1）环境适应问题。在大一新生中较为常见。

（2）学习问题。大学生常见的学习问题主要表现为：学习目的问题、学习动力问题、学习方法问题、学习态度问题以及学习成绩差等。大学期间，学习往往不再如高中阶段那样得到绝大多数人的重视，目的不明确、动力不足、态度不好构成了出现学习问题的主要原因。

（3）人际关系问题。如何与周围的同学友好相处，建立和谐的人际关系，是大学生面临的一个重要课题。同高中阶段相比，大学生对人际关系问题的关注程度超过了学习，也成为大学生心理困扰的主要来源之一。人际关系问题常常表现为难以和别人愉快相处，没有知心朋友，缺乏必要的交往技巧，过分委曲求全等，以及由此而引起的孤单、苦闷、缺少支持和关爱等痛苦感受。

（4）恋爱与性心理问题。大学生处于青年中后期，性发育成熟是重要特征，恋爱与性问题是不可避免的。恋爱一般包括：单相思、恋爱受挫、恋爱与学业关系问题、情感破裂的报复心理等；而性心理问题常见的有：手淫困扰，以及由婚前性行为、校园同居等问题引起的恐惧、焦虑、担忧等。

（5）性格与情绪问题。性格障碍是大学生中较为严重的心理障碍，其形成与成长经历有关，原因较为复杂，主要表现为自卑、怯懦、依赖、神经质、偏激、敌对、孤僻、抑郁等。

（6）求职与择业问题。高年级大学生常见问题。在跨入社会前，他们往往感到很多的困惑和担忧。如何选择自己的职业，如何规划自己的职业生涯，求职需要些什么样的技巧等问题，都会或多或少带来困扰和忧虑。

（7）神经症问题。长期的睡眠困难、焦虑、抑郁、强迫、疑病、恐怖等都是神经症的临床表现症状。

第七种问题是偏离正常状态的心理问题，需要进行专业的心理咨询或心理治疗。而对于大部分同学来说，常常遭遇到的是前六种心理困扰，这些困扰主要是由很多现实的社会心理因素所导致，也往往是暂时性的，经过自己的主动调节或寻求咨询老师的帮助，多能恢复心理的平衡和适应。

五、大学生如何保持心理健康

随着心理健康教育的普及，人们对心理健康的认识已逐渐加深，但大学生们在对待他人的心理困惑的态度上比对待自己的更为理性，一旦涉及自己则表现得优柔寡断，觉得难以启齿，常常不知所措。要改变这一情况，需要青年大学生：

(1)坦然面对。心理健康也跟身体健康一样，在人的一生中难免会出现这样那样的问题，出现心理困惑只是成长的正常状态，没有问题哪有成长可言，因而不必大惊小怪、怨天尤人。

(2)不要急于“诊断”。心理问题本身多种多样，成因往往也很复杂，切忌盲目从一些书籍上断章取义，或者道听途说，急于“对号入座”，认定自己患了什么病。弄清问题当然是必要的，但大学生的问题还是发展性的居多，很多都是“成长中的烦恼”，实在不必自己吓自己。

(3)转移注意。心理问题往往有这么一个特点，就是越注意它，它似乎就越严重。所以，不要老盯着自己所谓的问题不放，不要过分关注自我，而应把注意力转移到学习、生活、工作的方方面面。培养自己感兴趣的事情并全力投入是很有利于心理健康的。

(4)调整生活规律。很多时候，只要将自己习惯了的生活规律稍加调整，就会使自己整个精神面貌焕然一新。所谓的心理问题也随之轻松化解了。

(5)不要讳疾心理咨询。对于严重的、难以排解的心理问题，也可寻求专家或心理卫生机构的咨询和帮助。

六、专家提醒

(1)树立科学的世界观、人生观和价值观。

(2)加强对自身的情绪调节。要善于做自己情绪是主人。首先，要加强道德修养，以理制情。其次，要加强业务知识的学习，自觉地支配自己的情绪。第三，要自我疏导。自己有不良的情绪时，可及时向亲人、朋友倾诉。第四，要用意志克服各种困难，在困难和挫折面前，始终保持乐观、豁达的心态。

(3)认知调整。例如，强迫症的本质是心理上的自相搏斗的结果。既然是心理上的自相搏斗的结果，那么我们不妨将它接纳为自身的特殊爱好，这样就会消除顾虑、降低恐惧、缓解紧张。

（4）换个角度去思考。心理伤害只是一种表面的现象，真正起作用的是我们的不良个性和思维方式。例如，性格内向、敏感、好面子、过分注重自己的五官、做事谨慎、总想完美而难以容忍小的过失，一旦在生活中有小的过失或心理波动（不好的感觉）就会引起联想，以至无力抵抗这种感觉。

（5）转移注意力。当反复进行强迫思考和强迫行为时，思维会专注于一点，这时最重要的是想办法转移注意力，尽快脱离现实症状，摆脱痛苦。例如，一旦处于“担心自己的强迫症治不好”的情景时，马上去做感兴趣的事或听音乐，这时注意力转移到感兴趣的事或音乐上，就可能会忘掉所联想的。

（6）要以平常心来对待，也就是症状出现时，不要把它看做什么大不了的事情，就像对待天气的变化一样——顺应自然，该做什么事就去做什么事，坚持把自己该做的事和能做的事做好。

（7）调整生活状态。积极参加各种文体活动，使枯燥的日常生活变得丰富多彩。

第十二节　大学生网络安全教育

21世纪是网络的时代，随着网络在社会经济、政治、文化、军事各领域的作用日益明显，其安全隐患也渐趋突出。由于网络功能的多样性，内容的广泛性，速度的快捷性，环境的开放性和使用的普及性等特点深刻影响着大学生的日常生活和学习、交友方式，网络成为他们的另一个世界。长期沉迷其中的大学生，有的精神失常，有的引发命案，有的离家出走、被拐被骗……因此，有的人甚至把网络称为“电子海洛因”，足见其负面影响对青年大学生的危害。网络对大学生造成的直接伤害主要是精神和心理上的依赖，而非身体上的伤害，目前最为普遍的是网络成瘾症，其主要症状为情绪低落、头昏眼花、双手颤抖、疲乏元力、食欲不振等现象，因此而退学的大学生屡见不鲜。

一、大学生常见的几种网络安全问题

(1)陷入网络游戏中欲罢不能，玩了第一级，就想玩到第二级、第三级……玩者在游戏过程中为了获得荣誉、自尊，不惜出卖友谊、信誉，欺骗、讹诈甚至施暴于同伴。

(2)玩游戏不仅花费他们所有的业余时间，而且一旦上瘾就很难控制自己甚至不想上学，经常旷课、逃学，成绩下降，导致退学。

(3)网络还隐藏着其他陷阱。网上聊天交友是大学生喜欢的“节目”，但在虚拟环境下交网友比现实生活中要更加警惕，以防上当受骗。

(4)过度使用互联网，使自身的社会功能、工作、学习和生活等方面受到严重的影响和损害。长时间的上网会造成不愿与外界交往，行为孤僻，丧失正常的人际关系。

(5)在网络上散布一些危害他人或集体利益的谣言，引发一系列不好的影响。

二、网络的危害

(1)对于青少年“三观”形成构成潜在威胁。青少年很容易在网络上接触到资本主义的宣传论调、文化思想等，思想处于矛盾、混乱中，其人生观、价值观极易发生倾斜，从而滋生全盘西化、享乐主义、拜金主义、崇洋媚外等不良思潮。

(2)网络改变了青年在工作和生活中的人际关系及生活方式。同时，上网使青少年容易形成一种以自我为中心的生存方式，集体意识淡薄，个人自由主义思潮泛滥。

(3)信息垃圾弱化青少年的思想道德意识。有关专家调查，网络上的信息47%与色情有关，六成左右的青少年在网络上无意中接触到黄色信息。还有一些非法组织或个人也在网上发布扰乱政治经济的黑色信息，蛊惑青少年。这种信息垃圾会弱化青少年思想道德意识，污染青少年心灵，误导青少年行为。

(4)网络的隐蔽性，导致青少年不道德行为和违法犯罪行为增多。一方面，少数青少年浏览黄色或非法网站，利用虚假身份进行恶意交友、聊天；另一方面，网络犯罪增多，如传播病毒、黑客入侵、通过银行卡和信用卡盗窃、诈骗等。这些犯罪主体以青少年为主，大多数动机单纯，有的甚至是为了“好玩”“过瘾”和“显示才华”。另外，有关网络的法律制度的不健全也给青少年违法犯罪以可乘之机。

三、大学生上网的各种“症状”

1. 认知上的“快餐—硬结”症

对于众多步履匆忙的青年大学生而言，互联网好比知识快餐一样，大大激发了他们急于求知的强烈欲望，在鼠标轻点之间就能立刻在浩如烟海的信息海洋中找到自己所需的信息，从而大大提高了单位时间里的学习、工作效率。而对网上各种时髦展品，他们在好奇心、求知欲的驱使下流连忘返，从不审视、怀疑它的构造成分和运转功效，整个大脑于囫囵吞枣之际成了一个受动而麻木的机器，致使许多硬结不但吞噬着青年人本应充满活力和主见的青春大脑，而且阻塞着他们对真知的内化。

2. 情感上的“狂泻—冷漠”症

对于那些至今尚未完全摆脱父权主义、顺应主义教育的青年大学生来说，虽然在现实中其情感表露总要受到他人及社会的左右，但他们身上被压抑的诸多情感却可以在网络世界中肆意暴发。上网交友，网上聊天、在 BBS 中高谈阔论成了人们忘记权威压制、排遣孤独、宣泄不满的畅通渠道。尽管互联网在一定程度上有助于大学生缓解压力、平衡心理，但过多虚拟的网上情感交流无疑让许多大学生在放飞情感的同时，总想试图将自己真实的情感深埋心底，不愿向真实世界坦露，并懒得与活生生的人进行情感交流。生活中，这些人沉默寡言、不善言谈、不为世间情感所动，显出一副冷漠姿态。互联网成了一部分人面对现实情感世界的心灵之锁。

3. 意志上的“自主—膨胀”症

在互联网这一无人管理的区域内，大学生能够以己为中心，以己需要为尺度，完全按自己的个人意志自主地利用网络资源、自主地在游戏中扮演各类角色、自主地设计令人惊叹的“小制作”“小发明”等，这种无拘无束，随心所欲的意志自主表现虽然在相当程度上有利于青年个性的张扬，但我们也为一部分人在极度的意志自主中其“唯我独尊、唯我是大”的意志膨胀表现所震惊：一些大学生仅仅为了显示自己的个性，通过自己的意志自主表现而一鸣惊人，于是利用了互联网上随意制造思想和议论的巨大泡沫，甚至为了达到让世人把他当主角的目的而不惜作出损害别人数据、破坏他人网站、侵入别人系统等过激行为，以至酿发可怕的、阻塞网络交通的网络地震。

四、大学生上网要警惕哪些心理健康问题

(1)计算机依赖成瘾。使用者没有任何明确目的，不可抑制地长时间操作计算机或上网浏览网页、玩游戏等，几乎每天上网5~6小时，常熬夜上网，网瘾日益严重。

(2)网络交际成瘾。在现实生活中不愿和人直接交往，不合群，沉默寡言，但喜欢网络交际，经常上网聊天或通过其他网络交流方式与人交流思想情感，一天不上网交际就浑身不舒服。

(3)网络色情成瘾。上网者迷恋网上的所有色情音乐、图片以及影像等。有专家指出每周花费11小时以上用来漫游色情网站的人，就有色情成瘾的嫌疑。

(4)强迫信息收集成瘾。包括强迫性地从网上收集无用的、无关紧要的或者不迫切需要的信息。

(5)游戏成瘾。包括不可抑制地长时间玩计算机游戏，这是较普遍存在的现象。

(6)如果一段时间不能上网，就会产生失落感、焦虑症、空虚感，烦躁不安，想找人吵架或想攻击别人；有的心情郁闷，产生悲观厌世情绪。

五、大学生如何摆脱网络成瘾症

如果你觉得网瘾太大，自己抵抗力太小，那么以下的三条具体建议，可以帮助你预防网络成瘾症：

第一，不要把上网作为逃避现实生活问题或者消极情绪的工具，“借网消愁愁更愁”。理由是，上网逃脱不了现实，“逃得过初一，逃不过十五”。更重要的是，上网行为在不知不觉中已经得到了强化，网瘾加重。

第二，上网之前先定目标。每次花两分钟时间想一想你要上网干什么，把具体要完成的任务列在纸上。不要认为这个两分钟是多余的，它可以为你省10个两分钟，甚至100个两分钟。

第三，上网之前先限定时间。看一看你列在纸上的任务，用1分钟估计一下大概需要多长时间。假设你估计要用40分钟，那么把闹钟定到20分钟，到时候看看你进展到哪里了。

总之，我们在享受高科技带来的全新概念时，不能忘记很重要的一个原

则：网络的精彩绝伦、快速便捷以及其他的种种优点都不能完完全全地替代现实生活，网络生活只能作为现实生活的一部分。

六、加强大学生网络安全的建议

（1）充分认识网上思想渗透问题，强化对青少年的教育引导。必须加强对青少年的思想政治教育，以马列主义，毛泽东思想，邓小平理论和“三个代表”重要思想教育引导广大青少年，使他们坚定共产主义理想信念，努力树立起正确的人生观、世界观和价值观，强化爱国主义意识和弘扬民族精神。

（2）切实加强网上文明行为规范的建设。要广泛开展以宣传《青少年网络文明公约》为主题的各项活动，积极引导青少年遵守网络道德，提倡“五要五不”，即：要善于网上学习，不浏览不良信息；要诚实友好交流，不侮辱欺诈他人；要增强保护意识，不随意约见网友；要维护网络安全，不破坏网络秩序；要有益身心健康，不沉溺虚拟空间。努力创造干净、健康、文明、有序的网络环境。

（3）提高法律意识，预防网络犯罪。网络在为人们带来巨大便利的同时，一些不法分子也看准了这一点，利用网络频频作案，近些年来，网络犯罪不断增长。一位精通网络的社会学家说：“互联网是一个自由且身份隐蔽的地方，网络犯罪的隐秘性非一般犯罪可比，而人类一旦冲破了某种束缚，其行为可能近乎疯狂，潜伏于人心深处的邪念头便会无拘无束地发泄。”一些大学生学习一些计算机的知识后，急于寻找显示自己才华的场所，会在互联网上显一显身手，寻找一些网站的安全漏洞进行攻击，肆意浏览网站内部资料、删改网页内容，在有意无意之间触犯了法律，甚至可能会引火上身，被他人反跟踪、恶意破坏、报复、得不偿失，追悔莫及。同学们务必正确使用互联网技术，不要随意攻击各类网站，不要存在侥幸心理，自以为技术手段如何高明。

总之，网络的正确使用非但不会影响学生的相互交往，而会更有益于形成健全的人格，促进人际交往，培养良好的道德品质。正确利用互联网，最大限度发挥网络优势，提高法律意识，做一个好公民，网络安全教育才有意义。相信只要青年大学生正确认识、了解网络，以一种平和的心态积极面对网络，网络一定会成大学生成长学习的益友。

第十三节　大学生如何防范传销陷阱

一、什么是传销

传销，就是传销组织通过多层次独立传销商来销售或提供劳务，每个传销员除了将货物销售以赚取利润外，还可以介绍、训练他人为新的传销人，并建立新的销售网络来销售公司货物，在公司获取更多利润的同时，每个传销员也在自己的销售网络中获取相应的差额。传销产生于美国哈佛大学两位数学系学生的天才想法，二人开始只是研究倍增学，比如 1 变 2，2 变 4 这样的数学模型。后来被引用到市场营销学中成为了传销。传销分有物传销和无物传销。有物传销又分固定价格和递增价格。

传销方式在世界各地都较为流行，传销企业因此获取大量货物的差额利润，但并非佣金。正因为传销的巨大商业利润，驱使有些不法商人利用传销的方式开展非法传销，将正当传销演变为“网络连锁”等非法形式，变相聚敛财富、欺诈群众，从而连锁引发非法传销人以追求财产为核心的各类型犯罪。本节提及的“传销”均指“非法传销”。

国务院第444号令《禁止传销条例》于2005年11月1日起施行。《禁止传销条例》规定下列行为属于传销行为：

(1)组织者或者经营者通过发展人员，要求被发展人员发展其他人员加入，对发展的人员以其直接或者间接滚动发展的人员数量为依据计算和给付报酬(包括物质奖励和其他经济利益，下同)，牟取非法利益的。

(2)组织者或者经营者通过发展人员，要求被发展人员交纳费用或者以认购商品等方式变相交纳费用，取得加入或者发展其他人员加入的资格，牟取非法利益的。

(3)组织者或者经营者通过发展人员，要求被发展人员发展其他人员加入，形成上下线关系，并以下线的销售业绩为依据计算和给付上线报酬，牟取非法利益的。

二、大学生如何预防传销

1. 不要相信天上掉馅饼

传销公司最常用的话是“让你在消费的同时赚钱”，消费就是消费，赚钱就是赚钱。把消费当成职业，永远也别想赚钱。

2. 不见兔子不撒鹰

所有传销公司都是为了一个字“钱”，你为什么给他钱，一定想清楚：是他有你需要的产品？还是他有你需要的服务？如果都没有，只承诺给你一个事业，那么，你绝不能付钱。

3. 不要感情用事

传销公司一般都是熟人找熟人。有句话，叫朋友不言商。这话有一定的道理，不要因为朋友感情害了自己。有的人只要朋友邀请，就什么都不问，不明不白的跟着干，结果陷入迷局，不能自拔。

4. 审查资质

参加一家公司也好，接受一家公司的推销也好，首先应了解一家公司的资质和信用。一般可以结合以下方式来证实：

(1)从其营业地工商部门查询；

(2)要求对方出示营业执照和组织机构代码证书；

(3)要求对方出示开户许可证书;

(4)要求对方出示税务登记证书和代理授权书。

三、被困传销组织时怎样自救

(1)记住地址，伺机报警。到一个陌生的地方，人生地不熟，首先要掌握自己所处的具体位置，楼栋号，门牌号等，如果没有这些，可看附近有没有什么标志性建筑，暗中记下饭店、商场等名字。如果能发短信或打电话，可偷偷报警，或求救于自己的亲人或朋友。

(2)外出上课学习的途中逃离。传销组织每天都有一些户外活动，在这个过程中随行的人相对较少，便于逃离。而且在大庭广众之下，便于寻求别人的帮助。

(3)装病，寻找外出逃离的机会。如果传销组织控制得比较严，外出机会很少，我们可以想办法装病，让他们同意外出就医，然后找机会逃离。

(4)从窗户扔纸条求救。如果实在找不到逃跑的机会，可在上厕所时偷偷写好纸条，为引起注意，可写在钞票上，然后趁人不备，从窗户扔下。

(5)骗取信任，寻机逃离。如果实在走不掉，看得紧，在“敌强我弱”的情况下就要想办法，骗取他们的信任，让他们放松警惕，然后再寻找机会逃离。或保持清醒的头脑，任对方吹得在天花乱坠，就是不上当，因为传销组织没有“免费的午餐”，他们不可能长期白白养着一个大活人，新人实在不做，他们会主动放人。所以坚持就是胜利。

第十四节　珍爱生命，远离毒品

《中华人民共和国刑法》第357条规定，毒品是指鸦片、海洛因、甲基苯丙胺（“冰毒”）、吗啡、大麻、可卡因以及国家规定管制的其他能够使人形成瘾癖的麻醉药品和精神药品。国际禁毒公约将具有依赖特性的药物分为麻醉药品和精神药物两大类进行国际管制，它们有时候被统称为“精神活性药物”。这些药物如果被滥用也是毒品。联合国麻醉药品委员会将毒品分为六大类：①吗啡型药物；②可卡因和可卡叶；③大麻；④安非他明等人工合成兴奋剂；⑤安眠镇静剂；⑥精神药物。

我国当前禁毒形势十分严峻，毒品来源多元化、毒品滥用多样化和制、贩、吸毒一体化的趋势更加明显，传统毒品继续发展，新型毒品危害来势迅猛，中国已形成了海洛因、摇头丸及其他麻醉药品、精神药品等多种毒品交叉滥用的局面。据国家禁毒委员会的数据显示，截至2014年底，全国累计发现、登记吸毒人员295.5万名，其中2014年新发现吸毒人员48万名。登记18岁以下吸毒人员2.9万名、18岁到35岁吸毒人员165.9万名，35岁以下青少年占在册吸毒人员总数的57.1%。我们在校大学生也正处于这个年龄段，有吸毒的潜在危险，高校必须加强对大学生的禁毒教育，大学生应自觉远离毒品。

一、毒品的特征和种类

一般来说，毒品具有以下的共同特征：①有一种不可抗拒的力量强制性地使吸食者连续使用该药，并且不择手段地去获得它；②连续使用有加大剂量的趋势；③对该药产生精神依赖性及躯体依赖性，断药后产生戒断症状；④对个人、家庭、社会都会产生危害性结果。

二、大学生吸毒的危害

（一）对身心的危害

1. 吸毒对身体的毒性作用

毒性作用是指用药剂量过大或用药时间过长引起的对身体的一种有害作用，通常伴有机体的功能失调和组织病理变化。中毒主要特征有：嗜睡、感觉迟钝、运动失调、幻觉、妄想、定向障碍等。

2. 戒断反应

长期吸毒造成的一种严重和具有潜在致命危险的身心损害，通常在突然终止用药或减少用药剂量后发生。许多吸毒者在没有经济来源购毒、吸毒的情况下，或死于严重的身体戒断反应引起的各种并发症，或由于痛苦难忍而自杀身亡。戒断反应也是吸毒者戒断难的重要原因。

3. 精神障碍与变态

吸毒所致最突出的精神障碍是幻觉和思维障碍。他们的行为特点围绕毒品转，甚至为吸毒而丧失人性。

4. 感染性疾病

静脉注射毒品给滥用者带来感染性合并症，最常见的有化脓性感染和乙型肝炎，及令人担忧的艾滋病问题。此外，还损害神经系统、免疫系统，易感染各种疾病。

（二）对家庭的危害

家庭中一旦出现了吸毒者，家便不称其为家了。吸毒者在自我毁灭的同时，也破害自己的家庭，使家庭陷入经济破产、亲属离散甚至家破人亡的困难境地。

（三）对社会的危害

毒品活动加剧诱发了各种违法犯罪活动，扰乱了社会治安，给社会安定带来巨大威胁：

(1)毒品不仅危害人的身体，摧残意志，而且还能使人丧失理智和人格。

(2)吸毒耗资巨大，诱发吸毒者为解决毒资铤而走险，走上了盗窃、抢劫、诈骗、杀人、贪污、受贿、卖淫等犯罪道路。

(3)有些吸毒者以贩养吸、从害己转为既害己又害人。

（四）吸毒对学习的危害

大学生吸毒对学习也有很多的影响，吸毒会摧残意志和精神，荒废学业。吸食毒品使人逐渐懒惰无力，意志衰退，智力和主动性降低，记忆力减退，致使学业荒废。

三、大学生如何预防毒品的侵袭

(1)充分认识毒品违法犯罪活动的危害性，加强自身的学习和法律意识修养，培养高尚的情操和伦理道德观念。

(2)积极参加有益健康的文体活动，增强集体观念，培养广泛的兴趣和爱好，避免孤僻的生活方式。

(3)提高对毒品的防御能力，不要结交有吸毒恶习的朋友或听信他们的谗言。

(4)决不可因好奇而尝试毒品，防止上瘾而难于自拔。

(5)一旦沾染毒品，要积极主动向老师和学校报告，自觉接受学校、家庭及社会有关部门的监督戒除及康复治疗。

【案例一】

某校 8 名学生吸毒成瘾后，生理发生极大变化，身体虚弱，精神委靡不振，经常缺课、旷课，无法继续就读，对自己、对家庭都造成极大的损害。

【案例二】

某高校学生吸毒成瘾后，债台高筑，无法继续就读，退学后先后利用某银行网诈骗公款20余万元人民币，被判处死刑。

【案例三】

某校学生杨某吸毒成瘾，为解决毒资，在校园内贩卖、教唆他人吸食毒品走上了犯罪道路。

案例解析：吸毒大都自精神的空虚开始。为寻求精神上的刺激，沾染毒品，继而生理上对毒品产生极大的依赖性，精神和身体上都产生对毒品的渴望，追求吸毒后的快感。理想、事业、前途也随着吸毒的次数增多而灰飞烟灭。作为一名经济上并不独立的大学生根本无法支付吸毒巨额的开销，为寻找毒资，不惜出卖自己的身体，或偷或抢，想尽一切办法，筹集毒资。吸毒成了生活的重心，丧失了人的本性，成了危害社会的毒魔。

正因为上述毒品危害，国家对从事毒品违法犯罪活动的处罚是非常严厉的，《中华人民共和国刑法》第347条规定：凡是走私、贩卖、运输、制造毒品的，无论数额大小，都依法追究刑事责任。对吸食、注射毒品，无论数额大小，都依法给予治安管理处罚。对吸食、注射毒品的违法人员处以拘留和罚款；吸毒成瘾者予以强制戒毒。屡教不改的，对其进行劳动教养，在劳动教养中强制戒毒。

第十五节　恐怖袭击的防范与应对

2014年3月1日晚9时20分，8名暴徒持刀在云南昆明火车站广场、售票厅等处砍杀无辜群众，造成多名无辜群众死伤。经调查，这是一起由新疆分裂势力一手策划组织的严重暴力恐怖事件。3月3日下午该案成功告破。经查明，该案是以阿不都热依木·库尔班为首的暴力恐怖团伙所为。该团伙共有8人(6男2女)，现场被公安机关击毙4名、击伤抓获1名(女)，其余3名落网。

恐怖袭击是极端分子人为制造的针对但不仅限于平民及民用设施的不符合国际道义的攻击方式。恐怖袭击从20世纪90年代以来，有在全球范围内迅速蔓延的严峻趋势。

2014年11月18日，伦敦经济与和平研究所《全球恐怖主义指数》报告显示，2013年的恐怖袭击数量较上年增加44%，2013年共发生恐怖袭击逾1万起，致1.8万人丧生，较2012年增长61%。

一、常见手段

（一）常规手段

a. 爆炸　炸弹爆炸、汽车炸弹爆炸、自杀性人体炸弹爆炸等。

b. 枪击　手枪射击、制式步枪或冲锋枪射击等。

c. 劫持　劫持人、劫持车、船、飞机等。

d. 纵火。

（二）非常规手段

a. 核与辐射恐怖袭击　通过核爆炸或放射性物质的散布、造成环境污染或使人员受到辐射照射。

b. 生物恐怖袭击　利用有害生物或有害生物产品侵害人、农作物、家畜等。如发生在美国9·11事件之后的炭疽邮件事件。

c. 化学恐怖袭击　利用有毒、有害化学物质侵害人、城市重要基础设施、食品与饮用水等。如东京地铁沙林毒气袭击事件。

d. 网络恐怖袭击活动　利用网络散布恐怖袭击、组织恐怖活动、攻击电脑程序和信息系统等。

二、如何识别

实施恐怖袭击的嫌疑人脸上不会贴有标记，但是会有一些不同寻常的举止行为可以引起我们的警惕，例如：

（1）神情恐慌、言行异常。

（2）着装、携带物品与其身份明显不符，或与季节不协调。

（3）冒称熟人、假献殷勤。

（4）在检查过程中，催促检查或态度蛮横、不愿接受检查。

（5）频繁进出大型活动场所。

（6）反复在警戒区附近出现。

（7）疑似公安部门通报的嫌疑人员。

（一）如何识别可疑车辆

（1）状态异常。车辆结合部位及边角外部的车漆颜色与车辆颜色是否一致、确定车辆是否改色；车的门锁、后备箱锁、车窗玻璃是否有撬压破损痕迹；车灯是否破损或异物填塞，车体表面是否附有异常导线或细绳。

(2)车辆停留异常。违反规定停留在水、电、气等重要设施附近或人员密集场所。

(3)车内人员异常。如在检查过程中，神色惊慌、催促检查或态度蛮横、不愿接受检查；发现警察后启动车辆躲避的。

(二)如何识别可疑爆炸物

在不触动可疑物的前提下：

(1)看。由表及里、由近及远、由上到下无一遗漏地观察、识别、判断可疑物品或可疑部位有无暗藏的爆炸装置。

(2)听。在寂静的环境中用耳倾听是否有异常声响。

(3)嗅。如黑火药含有硫黄，会放出臭鸡蛋(硫化氢)味；自制硝铵炸药的硝酸铵会分解出明显的氨水味等。

(三)爆炸物可能放置在公共场所什么地方

(1)标志性建筑物或其附近的建筑物内外。

(2)重大活动场合，如大型运动会、检阅、演出、朝拜、展览等场所。

(3)人口相对聚集的场所，如体育场馆、影剧院、宾馆、运动员村、商场、超市、车站、机场、码头、学校等。

(4)行李、包裹、食品、手提包及各种日用品之中。

(5)宾馆、饭店、洗浴中心、歌舞厅及其易于隐蔽且闲杂人员容易进出的地点。

(6)各种交通工具上。

(7)易于接近且能够实现其爆炸目的的地点。

(四)发现可疑爆炸物怎么办

(1)不要触动。

(2)及时报警。

(3)迅速撤离。疏散时，有序撤离，不要互相拥挤，以免发生踩踏造成伤亡。

(4)协助警方的调查。目击者应尽量识别可疑物发现的时间、大小、位置、外观，有无人动过等情况，如有可能，用手中的照相机进行照相或录像，为警方提供有价值的线索。

（五）遇有匿名威胁爆炸或扬言爆炸怎么办

（1）信：要“宁可信其有，不可信其无”，不能心存侥幸心理。

（2）快：尽快从“现场”撤离。

（3）细：细致观察周围的可疑人、事、物。

（4）报：迅速报警、让警方了解情况。

（5）记：用照相机或者手机等将“现场”记录下来。

三、如何处置

（一）在地铁内发生爆炸或纵火怎么办

（1）迅速按下列车报警按钮，使司机在监视器上获取报警信号。

（2）依靠车内的消防器材进行灭火。

（3）列车在运行期间，不要有拉门、砸窗、跳车等危险行为。

（4）在隧道内疏散时，听从指挥，沉着冷静、紧张有序地通过车头或车尾疏散门进入隧道，向邻近车站撤离。

（5）寻找简易防护物，如衣服、纸巾等捂鼻，采用低姿势撤离，视线不清时手摸墙壁撤离。

（6）受到火灾威胁时，不要盲目跟从人流相互拥挤、乱冲乱摸，要注意朝明亮处，迎着新鲜空气跑。

（7）身上着火不要奔跑，就地打滚或用厚重衣物压灭。

（8）注意观察现场可疑人、可疑物，协助警方调查。

（9）在平时乘坐地铁时要注意熟悉环境，留心地铁的消防设施和安全装置。

（二）在大型体育场馆发生爆炸或纵火怎么办

（1）迅速有序远离爆炸现场，避免拥挤、踩踏造成伤亡。

（2）撤离时要注意观察场馆内的安全疏散指示和标志。

（3）场内观众应按照场内的疏散指示和标志从看台转移到疏散口再撤离到

场馆外。

(4)场馆内部工作人员以及运动员，应根据沿途的疏散指示和标志通过内部通道疏散。

(5)不要因贪恋财物浪费逃生时间。

(6)实施必要的自救和救助他人。

(7)拨打报警电话，客观详细地描述事件发生、发展的经过。

(8)注意观察现场可疑人、可疑物，协助警方调查。

(三)在商场或饭店发生爆炸或纵火怎么办

(1)保持镇静，迅速选择最近的安全出口有序撤离现场，注意避免进入餐厅等存有易燃易爆物品的危险地点。

(2)注意避开临时搭建的货架，避免可能因坍塌造成的新的伤害。

(3)注意避开脚下物品，一旦摔倒应设法让身体靠近墙根或其他支撑物。

(4)实施自救和救助他人。

(5)不要因顾及贵重物品而浪费宝贵的逃生时间。

(6)迅速报警，客观详细地向警方描述事件发生、发展的经过。

(7)注意观察现场可疑人、可疑物，协助警方调查。

(四)被恐怖分子劫持后怎么办

(1)保持冷静，不要反抗，相信政府。

(2)不对视，不对话，趴在地上，动作要缓慢。

(3)尽可能保留和隐藏自己的通讯工具，及时把手机改为静音，适时用短信等方式向警方(12110)求救，短信主要内容：自己所在位置，人质人数，恐怖分子人数等。

(4)注意观察恐怖分子人数，头领，便于事后提供证言。

(5)在警方发起突击的瞬间，尽可能趴在地上，在警方掩护下脱离现场。

(五)遇到枪击时如何选择掩蔽物

(1)掩蔽物最好处于自己与恐怖分子之间。

(2)选择密度质地不易被穿透的掩蔽物。如墙体、立柱、大树干、汽车前部发动机及轮胎等；而木门、玻璃门、垃圾桶、灌木丛、花篮、柜台、场馆内座椅、汽车门和尾部等不能够挡住子弹，虽不能作为掩蔽体，但能够提供隐蔽作用，使恐怖分子不能够在第一时间发现你，为下一步逃生提供了时间。

(3)选择能够挡住自己身体的掩蔽物。有些物体质地密度大，但体积过小，不足以完全挡住自己身体，就起不到掩蔽目的。如路灯杆、小树干、消防栓等。

(4)选择易于隐藏身体的形状，如立柱；不规则物体容易产生跳弹，掩蔽其后容易被跳弹伤及，如假山、观赏石等。

(六)遇到化学恐怖袭击怎么办

(1)不要惊慌，进一步判明情况。化学恐怖袭击多为以空气为传播介质，使人在呼吸到有毒空气时中毒。常伴有异常的气味、烟雾等现象。

(2)尽快掩避。利用环境设施和随身携带的物品遮掩身体和口鼻，避免或减少毒物的分割侵袭和吸入。

(3)尽快寻找出口，迅速有序地离开污染源或污染区域，尽量逆风撤离。

(4)及时报警，请求救助。可拨打 110、119、120 报警。

(5)进行必要的自救互救。采取催吐、洗胃等方法，加快毒物的排出。

(6)听从相关人员的指挥。

(7)配合相关部门做好后续工作。

(七)遇到核与辐射恐怖袭击怎么办

(1)不要惊慌，进一步判明情况。

(2)尽快有序撤离到相对安全的地方，远离辐射源。

(3)利用随身携带的物品遮掩口鼻，防止或减少放射性灰尘的吸入。

(4)及时报警，请求救助。

(5)听从相关人员的指挥。

(6)配合相关部门做好后续工作。

(八)遇到生物恐怖袭击该怎么办

(1)不要惊慌，尽量保持镇静，判明情况。

(2)利用环境设施和随身携带的物品，遮掩身体和口鼻，避免或减少病原体的侵袭和吸入。

(3)尽快寻找出口，迅速有序地离开污染源或污染区域。

(4)及时报警，请求救助，可拨打 110、119、120 报警。

(5)听从相关人员的指挥。

(6)不要回家或到人员多的地方，以避免扩大病源污染。

(7)配合相关部门做好后续工作。

(九)在报警时应当注意哪些问题

(1)保持镇静，不能因为恐慌影响了正常的判断。

(2)判明自己目前是否面临危险，如有危险，做好个人防护，迅速离开危险区域或就地掩蔽。

(3)首先报告最重要的内容，包括地点、时间、发生什么事件、后果等。

(十)紧急撤离危险现场应注意什么

(1)保持镇静，判明所处位置，及时撤离。

(2)善选通道，不要使用电梯。

(3)迅速撤离，不要贪恋财物，重返危险境地。

(4)防护自身，注意避险，用物品遮掩身体易受害部分，不靠近窗户玻璃，不要逆着人流前进，以避免被推倒在地。

(5)紧抓固物，巧避藏知，溜边前行。拥挤时，如有可能，要抓住牢靠的东西如楼梯，暂时躲避，待人群过去后迅速离开现场。

(十一)在公共场所有哪些“保护神”

(1)公共场所一般都有完善的防火，灭火设施和紧急出口。

(2)在公共场所部位，均有红底黄字的“报警开关”标志，箭头指向位置即按钮位置，下推为报警电话。

(3)走廊配有干粉灭火器箱，上面贴有红色“灭火器”标志。

(4)楼层内设有事故照明灯，可见清晰的“紧急出口”标志。

(5)在走廊或者楼梯，有消防栓及消防带。切记：处在陌生的环境时，如入住酒店、商场购物、进入娱乐场所时，务必留心疏散通道、灭火设施和紧急出口及楼梯方位等，以便关键时候能尽快逃离现场。

03

第三章
自然灾害事故的预防与处理

第一节　自然灾害综述

自然灾害，也称为天灾，指由于自然异常变化造成的人员伤亡、财产损失、社会失稳、资源破坏等现象或一系列事件。它的形成必须具备两个条件：一是要有自然异变作为诱因；二是要有受到损害的人、财产、资源作为承受灾害的客体。世界气象组织表示，所有天灾中百分之九十跟天气、水和气候事件有关。自然灾害又可分为地质灾害、气象灾害 、气候灾害、水文灾害、生态灾害、天文灾害等。

地球上的自然变异，包括人类活动诱发的自然变异，无时无地不在发生，当这种变异给人类社会带来危害时，即构成自然灾害。因为它给人类的生产和生活带来了不同程度的损害，包括以劳动为媒介的人与自然之间，以及与之相关的人与人之间的关系。灾害都是消极的或破坏的作用。所以说，自然灾害是人与自然矛盾的一种表现形式，具有自然和社会双重属性，是人类过去、现在、将来所面对的最严峻的挑战之一。

世界范围内重大的突发性自然灾害包括：旱灾、洪涝、台风、风暴潮、冻害、雹灾、海啸、地震、火山、滑坡、泥石流、森林火灾等。

中国国土空间上常见的自然灾害种类繁多，主要包括洪涝、干旱、台风、冰雹、暴雪、沙尘暴等气象灾害，火山、地震、山体崩塌、滑坡、泥石流等地质灾害，风暴潮、海啸等海洋灾害，森林、草原火灾和重大生物灾害等。自然灾害是地理环境演化过程中的异常事件，却成为阻碍人类社会发展的最重要的自然因素之一。

自然灾害的特点归结起来主要表现在六个方面：

第一，自然灾害具有广泛性和区域性，一方面，自然灾害的分布范围很广。无论是海洋还是陆地、地上还是地下、城市还是农村、平原或丘陵还是山地或高原，只要有人类活动，自然灾害就有可能发生；另一方面，自然地理环境的区域性又决定了自然灾害的区域性。

第二，自然灾害具有频繁性和不确定性，全世界每年发生的大大小小的自然灾害非常多。近几十年来，自然灾害的发生次数还呈增加的趋势，而自然灾害的发生时间、地点和规模等的不确定性，又在很大程度上增加了人们抵御自然灾害的难度。

第三，自然灾害具有一定的周期性和不重复性，主要自然灾害中，无论是地震还是干旱、洪水，它们的发生都呈现出一定的周期性。人们常说的某种自然灾害“十年一遇、百年一遇”实际上是对自然灾害周期性的一种通俗描述，自然灾害的不重复性主要是指灾害过程、损害结果的不可重复性。

第四，各种自然灾害所造成的危害具有严重性。例如，全球每年发生可记录的地震约 500 万次，其中有感地震约 5 万次，造成破坏的近千次，而里氏 7 级以上足以造成惨重损失的强烈地震，每年约发生 15 次。干旱、洪涝两种灾害造成的经济损失也十分严重，全球每年可达数百亿美元。

第五，自然灾害具有不可避免性和可减轻性。由于人与自然之间始终充满着矛盾，只要地球在运动、物质在变化，只要有人类存在，自然灾害就不可能消失，从这一点看，自然灾害是不可避免的。然而，充满智慧的人类，可以在越来越广阔的范围内进行防灾减灾，通过采取避害趋利、除害兴利、化害为利、害中求利等措施，最大限度地减轻灾害损失，从这一点看，自然灾害又是可以减轻的。

人类无法阻止自然灾害，但我们可以在灾害来临之前做好防备措施，把我们的损失降到最低。很多灾害，利用我们现在的科学技术可以提前预知，给我们足够的时间来做好避险准备。但有的灾害，我们没有足够的时间来预防，我们就要掌握一些基本的应急措施来保护自己。

第二节 高 温

一、高温及高温热浪

我国一般把日最高气温达到或超过35℃时称为高温，连续数天(3天以上)的高温天气过程称之为高温热浪(或称之为高温酷暑)。高温也是一种较常见的气象灾害。我国除东北、青藏高原等地极少或不出现高温天气外，其他地区均会出现不同程度的高温天气。高温对人们日常生活和健康以及国民经济都有一定影响。首先，高温天气会使人的身体不适应，闷热难耐，工作效率降低，发病率提升，死亡率升高；其次，高温天气易引发交通事故，还会使用水用电激增，造成供水供电紧张。

除气温外，人体对冷热的感觉还与空气湿度、风速、太阳热辐射等有关。在不同气象条件下，高温通常有干热型和闷热型两种类型。

a. 干热型高温　气温很高、太阳辐射强而且空气湿度小的高温天气，被称为干热型高温。在夏季，我国新疆、甘肃、宁夏、内蒙古、北京、天津、河北等地经常出现。

b. 闷热型高温　夏季水汽丰富，空气湿度大，在相对气温并不十分高时，人们仍感觉闷热，此类天气被称之为闷热型高温。我国沿海及长江中下游、华南等地经常出现。

二、高温对健康的危害

1. 引发中暑及心血管疾病

人体在过高温度下，体温调节机制会发生障碍，而使体内热蓄积，导致中暑。严重时，高温天气还可以诱发心脑血管疾病并导致死亡。

2. 引发热伤风及皮肤过敏等病

高温环境下人体代谢旺盛，能量消耗大，闷热使人睡眠不足、食欲不振，人体免疫力下降。易出现热伤风、腹泻和皮肤过敏等病。

三、预防措施

(1)尽量不要在烈日下活动，户外活动安排在早、晚为宜。

(2)外出活动时，尽量戴上帽子，穿浅色衣服，尽量选用棉、麻、丝类的织物，应少穿化纤品类服装，以免大量出汗时不能及时散热，引起中暑，并且身边应备有饮用水和防暑药品。不要长时间在太阳下暴晒，如果感到头晕不舒服，应立即停止活动，到阴凉处休息。

(3)不宜在树下或露天睡觉，适当晚睡早起，中午宜增加午睡。

(4)浑身大汗时，不宜立即用冷水洗澡，应先擦干汗水，稍事休息后再用温水洗澡。

(5)要留神蚊、虫咬伤，避免器械碰、割伤及开水、滚油烫伤等，预防因气温高、细菌繁殖加剧而造成的感染。

(6)不吃苍蝇叮过的食品，少喝生水，注意饮食卫生。

(7)多喝白开水、淡盐水、绿豆汤等防暑饮品，饮食以清淡为宜，少食高油高脂食物，减少人体热量摄入。

(8)夏天昼长夜短，气温高，人体新陈代谢旺盛，消耗也大，容易感到疲劳。充足的睡眠，可使大脑和身体各系统都得到放松，这样既利于工作和学习，又能预防中暑。睡眠时注意不要躺在空调的出风口和电风扇下，以免患上空调病和热伤风。

(9)夏天要常备清凉油、藿香正气水等防暑药品。

(10)宿舍空调温度不宜过低(最好不要低于26℃)，避免长时间处在空调环境中，要适当开窗通风或到户外阴凉处活动。

(11)食物在较高温度下容易变质，在食用前一定要仔细检查，如有变质现象(食物变色、有异味等)一定不要食用。应尽量减少外出吃饭次数，外出吃饭应选择卫生条件较好的餐馆。

(12)夏季体力消耗较大，胃肠功能较弱。应注意营养的补充，奶类、肉类、禽蛋类、蔬菜、水果等富含蛋白质、维生素、矿物质的食品要足量补充。大家记住："半斤牛奶二两肉，一斤蔬菜八两谷。"

(13)常看天气预报，注意高温预警信息。预计未来某时段内最高温度将出现高于35℃的情况时，气象台即发布高温警报。这主要是为了引起人们警惕并及时做好防暑降温工作。

四、预警信号

1. 蓝色预警

未来48小时4个及以上省(自治区、直辖市)大部地区持续出现35℃及以上，且有成片达37℃及以上高温天气。

防御指南：

(1)有关部门和单位按照职责做好防暑降温准备工作。

(2)午后尽量减少户外活动。

(3)对老、弱、病、幼人群提供防暑降温指导。

(4)高温条件下作业和白天需要长时间进行户外露天作业的人员应当采取必要的防护措施。

2. 黄色预警

过去48小时2个及以上省(自治区、直辖市)大部地区持续出现最高气温达37℃及以上，预计未来48小时上述地区仍将持续出现37℃及以上高温天气。

防御指南：

(1)有关部门和单位按照职责落实防暑降温保障措施。

(2)尽量避免在高温时段进行户外活动，高温条件下作业的人员应当缩短连续工作时间。

(3)对老、弱、病、幼人群提供防暑降温指导，并采取必要的防护措施。

(4)有关部门和单位应当注意防范因用电量过高，以及电线、变压器等电力负载过大而引发的火灾。

3. 橙色预警

过去48小时2个及以上省(自治区、直辖市)大部地区持续出现最高气温达37℃及以上，且有成片达40℃及以上高温天气。

防御指南：

(1)注意防暑降温，白天尽量减少户外活动。

(2)有关部门要特别注意防火。

(3)建议停止户外露天作业。

(4)其他同高温黄色预警信号。

第三节　中　暑

中暑是人体在高温和热辐射的长时间作用下，机体体温调节出现障碍，水、电解质代谢紊乱及神经系统功能损害症状的总称。中暑是炎热夏季常见的急性热病之一，轻的病人可出现头昏、头痛、恶心、口渴、大汗、心慌及面色潮红，体温可升高到38℃以上，甚至有血压下降、脉搏增快等虚脱症状；重者表现为高热(体温超过41℃)、无汗、言语及神志不清、手足抽搐及意识障碍等症状；严重时出现休克、心力衰竭、肺水肿、脑水肿等危症。

一、常见易患因素有

1. 环境因素

环境因素为必备因素，包括高温、高湿度、通风不良，导致人体获热增多而散热障碍。

2. 热适应障碍

慢性疾病、肥胖、营养不良、年老体弱、孕产妇、衣着过多、过度疲劳、缺少体育锻炼、睡眠不足、饮酒、脱水等均可干扰机体热适应。

3. 机体产热增多

从事重体力劳动。代谢亢进如感染、发热、甲状腺功能亢进等。

4. 机体散热障碍

主要见于汗腺功能障碍，如先天性汗腺缺乏、汗腺损伤、皮肤广泛受损（大面积烧伤、硬皮病等）、过敏性疾病以及摄入抗胆碱能药物如阿托品等；在湿度较高和通风不良的环境，亦容易发生散热障碍；心血管疾病患者因心血管调节反应迟钝可影响散热机制。

二、中暑的症状

(1)中暑先兆是指在高热环境活动中，大量出汗，出现全身疲乏、四肢无力、轻度头痛、头晕、耳鸣、心悸、注意力不集中、口渴等症状，体温正常或略有升高，一般不超过37.5℃。

(2)轻症中暑出现上述症状后未能脱离高热环境，体温升高至38.5℃以上。面色潮红、胸闷、皮肤灼热等，或有呼吸、循环衰竭的早期症状，如面色苍白、大量出汗、恶心、呕吐、皮肤湿冷、脉搏细速、血压下降等。

(3)重症中暑包括热射病、热痉挛、热衰竭3型，也可出现混合型。

a. 热射病　典型表现为高热(40℃以上)、无汗和意识障碍。为内科临床急症。常在高温环境中工作数小时或连续数天高温后发生中暑。发病前有先兆中暑和轻症中暑临床表现，并有出汗过多而有水盐代谢紊乱和酸中毒的症状。体格检查发现皮肤干燥、灼热、无汗，呈潮红或苍白；周围循环衰竭时呈发绀，脉搏侠，脉压增宽，血压偏低，可有心律失常；呼吸快而浅后期呈陈一施氏呼吸；四肢和全身肌肉可有抽搐；瞳孔早期缩小，后期扩大，对光反应迟钝或消失。严重患者出现休克、心力衰竭、肺水肿、脑水肿、肝功能衰竭、肾功能衰竭、弥散性血管内凝血。

b. 热痉挛　常发生在高温环境中强体力劳动或劳动结束后数小时内。起病突然，主要表现为明显的肌痉挛，伴收缩痛。好发于活动较多的四肢肌肉、腹肌、腓肠肌，常呈对称性。有时因腹部肌肉、胃肠道平滑肌发生阵发性痉挛和疼痛而类似急腹症。患者意识清楚，体温一般正常。

c. 热衰竭　起病迅速，主要临床表现为头昏、头痛、多汗、口渴、恶心、呕吐，继而皮肤湿冷、血压下降、心律紊乱。患者轻度脱水，体温稍高或正常。常发生于患者对热不适应，体内无过量热蓄积，多见于老年和高血压患者。热昏厥是热衰竭中较轻的表现，主要由长时间高温环境下站立，血液流向下肢扩张的血管所致，体温升高可不明显。

三、预防措施

(1)出行躲避烈日。夏日出门记得要备好防晒用具，最好不要在10：00至16：00在烈日下行走，因为这个时间段的阳光最强烈，发生中暑的可能性是平时的10倍！如果此时必须外出，一定要做好防晒工作，如打遮阳伞、戴遮阳帽、戴太阳镜，有条件的最好涂抹防晒霜；准备充足的水和饮料。此外，在炎热的夏季，防暑降温药品，如藿香正气水、风油精等一定要备在身边，以备应急之用。外出时的衣服尽量选用棉、麻、丝类的织物，应少穿化纤品类服装，以免大量出汗时不能及时散热，引起中暑。有慢性疾病的人，特别是有心血管疾病的人，在高温季节要尽可能地减少外出活动。

(2)别等口渴了才喝水。因为口渴表示身体已经缺水了。最理想的是根据气温的高低，每天喝1.5~2升水。出汗较多时可适当补充一些盐水，以此弥补人体因出汗而失去的盐分。另外，夏季人体容易缺钾，使人感到倦怠疲乏，含钾茶水是极好的消暑饮品。

(3)饮食。夏天宜食的蔬菜，如生菜、黄瓜、西红柿等的含水量较高；新鲜水果，如桃子、杏、西瓜、甜瓜等水分含量为80%~90%，都可以用来补充水分。另外，乳制品既能补水，又能满足身体的营养之需。不能避免在高温环境中工作的人，应适当补充含有钾、镁等元素的饮料。

(4)保持充足睡眠。夏天昼长夜短，气温高，人体新陈代谢旺盛，消耗也大，容易感到疲劳。充足的睡眠，可使大脑和身体各系统都得到放松，既利于工作和学习，又能预防中暑。最佳就寝时间是22：00至23：00，最佳起床时间是5：30至6：30。睡眠时注意不要躺在空调的出风口或电风扇下，以免患上空调病或热伤风。

四、应急要点

(1)轻者要迅速到阴凉通风处仰卧休息，解开衣扣，腰带，敞开上衣。可服十滴水、仁丹等防治中暑的药品。

(2)如果患者的体温持续上升时，有条件可以在澡盆中用温水浸泡下半身，并用湿毛巾擦浴上半身。

(3)如果患者出现意识不清或痉挛，这时应取昏迷体位。在通知急救中心的同时，注意保证呼吸道畅通。

(4)大学生在暑期军训或暑期社会实践时，经常会发生中暑，这时，应将其抬到阴凉通风处躺下，松解衣扣，用冷水或冰水敷在头部降温；适当喝一点儿凉茶、冷盐水；服用人丹、藿香等药物；在病人太阳穴上擦些清凉油、风油精。

第四节 寒 潮

一、基本概述

寒潮是一种大型天气过程，就是高纬度地区的冷空气大规模地向中低纬度侵袭，造成沿途大范围的急剧降温、大风和雨雪天气，一般多发生在秋末、冬季、初春时节。中央气象台2006年制定的我国《冷空气等级》国家标准中规定寒潮的标准是：某一地区冷空气过境后，气温24小时内下降8℃以上，且最低气温下降到4℃以下；或48小时内气温下降10℃以上，且最低气温下降到4℃以下；或72小时内气温连续下降12℃以上，并且最低气温在4℃以下。我国寒潮主要出现在11月至次年4月。秋末冬初及冬末春初最多，隆冬反而较少，主要原因是春秋季正是冬夏季风调整期间，冷暖空气更替频繁，因而冷空气活动次数较多，而冬季，冷空气在我国大部分地区居于优势，天气形势稳定，降温幅度相对较小，达不到寒潮的标准。

二、主要危害

由寒潮引发的大风、霜冻、雪灾、雨凇等灾害对农业、交通、电力、航海以及人们健康都有很大的影响。寒潮和强冷空气通常带来的大风、降温天气，是中国冬半年主要的灾害性天气。寒潮大风对沿海地区威胁很大。

寒潮带来的雨雪和冰冻天气对交通运输危害不小。如 1987 年 11 月下旬的一次寒潮过程，使哈尔滨、沈阳、北京、乌鲁木齐等铁路局所管辖的不少车站道岔冻结，铁轨被雪埋，通信信号失灵，列车运行受阻。雨雪过后，道路结冰打滑，交通事故明显上升。

入侵我国的寒潮主要有三条路径。西路：从西伯利亚西部进入我国新疆，经河西走廊向东南推进。中路：从西伯利亚中部和蒙古进入我国后，经河套地区和华中地区南下。东路：从西伯利亚东部或蒙古东部进入我国东北地区，经华北地区南下。

三、预防措施

(1)在秋末冬初时多关注天气变化，准备防寒服装。

(2)注意天气预报关于寒潮的情况。

四、应急要点

(1)当气温发生骤降时，要注意添衣保暖，特别是要注意手、脸的保暖。降温容易引发感冒等疾病，提前吃一些药预防(如板蓝根)。

(2)关好门窗，固紧室外搭建物。

(3)外出当心路滑跌倒。

(4)老弱病人，特别是心血管病、哮喘病等对气温变化敏感的人群尽量不要外出。

(5)注意休息，不要过度疲劳。

(6)采用煤炉取暖的家庭要提防煤气中毒。

(7)应加强天气预报，提前发布准确的寒潮消息或警报。

(8)寒潮天气易引发风暴潮，沿海师生要特别注意。

五、预警信息

1. 蓝色预警

48 小时内最低气温将要下降 8℃以上，最低气温小于等于 4℃，陆地平均风力可达 5 级以上；或者已经下降 8℃以上，最低气温小于等于 4℃，平均风力达 5 级以上，并可能持续。

2. 黄色预警

24 小时内最低气温将要下降 10℃以上，最低气温小于等于 4℃，陆地平均风力可达 6 级以上；或者已经下降 10℃以上，最低气温小于等于 4℃，平均风力达 6 级以上，并可能持续。

3. 橙色预警

24 小时内最低气温将要下降 12℃以上，最低气温小于等于 0℃，陆地平均风力可达 6 级以上；或者已经下降 12℃以上，最低气温小于等于 0℃，平均风力达 6 级以上，并可能持续。

4. 红色预警

24 小时内最低气温将要下降 16℃以上，最低气温小于等于 0℃，陆地平均风力可达 6 级以上；或者已经下降 16℃以上，最低气温小于等于 0℃，平均风力达 6 级以上，并可能持续。

第五节 大风与沙尘暴

一、大风

(一)基本概述

近地面层风力达蒲福风级 8 级(平均风速 17.2~20.7 米/秒)或以上的风称为大风。大风会刮坏广告牌、大树和房屋，影响高空作业，易引发火灾等次生灾害。

(二)预防措施

(1)及时加固已松动的门窗等设施，宿舍、教室门窗有损坏应及时找相关人员修理。

(2)当发现风比较大时，把窗台上的物品及时收到屋内。

(3)关好门窗。

（三）应急要点

（1）大风来临，学生应尽量在教室或寝室避风，尽量不要外出。

（2）减少在校园内的活动，尽量不要贴墙行走，避免被建筑物墙壁上脱落的瓷砖等砸伤。

（3）大风天气在施工工地附近行走时应尽量远离工地并快速通过。

（4）立即停止高空、水上等户外作业。

（5）立即停止露天集体活动，疏散人群。

（6）行人及车辆不要在高大的建筑物、广告牌下方停留。

（7）及时加固门窗、围挡、棚架等易被风吹动的搭建物，切断危险的室外电源。

（8）车辆减速行驶，注意交通安全。

（四）专家提醒

（1）关注天气预报，做好防风准备。

（2）注意消除火灾隐患，避免火借风势，造成重大损失。

二、沙尘暴

（一）基本概述

沙尘暴是指强风将地面的大量尘沙物质吹起并卷入空中，使空气相当混浊，水平能见度小于1 000米的严重风沙天气现象。我国北方春冬季节易出现沙尘暴。

（二）预防措施

（1）关注天气变化，及时检修已损害的门窗。

（2）及时把晾在户外的衣物收回。

（3）外出戴口罩，用纱巾蒙住头，以免沙尘侵入眼睛和呼吸道。

（4）及时关闭门窗，必要时可用胶条对门窗进行密封。

（三）应急要点

（1）在校学生尽量待在教室或寝室等地方，不要随意走动，不宜进行户外运动。

(2)各种车辆减速慢行，注意交通安全。

(3)妥善安置易受沙尘暴损坏的室外物品。

(四)专家提醒

(1)关注天气预报，做好防备工作。

(2)老人、儿童以及患有呼吸道过敏性疾病的人，沙尘暴天气不宜出门。

第六节　台风与暴雨

一、台风

（一）基本概述

台风形成于热带和副热带地区、海面温度在26℃以上的广阔海面上，是一种强烈发展的热带气旋。台风的危害极大，所到之处会带来特大暴雨、风暴潮等自然灾害，可拔树倒屋、摧毁设施，使河堤决口、洪水泛滥，淹没村庄、农田、岛屿等。夏秋季节是台风肆虐的时候，我国主要受灾区是东部沿海（主要集中在广东、海南、福建、浙江、台湾等地）。

（二）预防措施

（1）尽量不要出门，在安全的地方避险。

（2）在航空、铁路、公路三种交通方式中，公路交通一般受台风影响最大。如果一定要出行，建议不要自己开车，可以选择坐火车。

（3）要尽可能地远离工地。经过建筑工地时最好稍微保持点儿距离，因为有的工地围墙经过雨水渗透，可能会松动；还有一些围栏，也可能倒塌；一些散落在高楼上没有及时收集的材料，譬如钢管、榔头等，可能会被风吹下来；而有塔吊的地方，更要注意安全，因为如果风大，塔吊臂有可能会折断；还有些地方正在进行建筑立面整治，人们在经过脚手架时，最好绕行，不要从下面走。

(4)检查门窗是否密封。如果风力过强，即便关了窗户雨水仍有可能进入屋内，因此需要准备毛巾和墩布。

(三)应急要点

(1)保持消息畅通。注意广播或电视里的天气情况播报。准备一个可以使用电池的收音机(还有备用电池)以防断电。

(2)准备蜡烛和手电筒。储备食物、饮用水、电池和急救用品。

(3)台风来临前应将阳台、窗外的花盆等物品移入室内，切勿随意外出，应把门窗捆紧拴牢，特别应对铝合金门窗采取防护措施，确保安全。在外时请注意远离迎风门窗，不要在大树下躲雨或停留。

(4)如果风力过强，请远离窗户等可能碎裂的物品。

(5)如遇洪水，关闭家中一切电源、水源、煤气。

(四)专家提醒

(1)台风过去后，仍要注意破碎的玻璃、倾倒的树或断落的电线等可能造成危险的状况。

(2)台风过后会带来暴雨天气，暴雨天气有时会产生洪灾，洪灾过后疫情常高发，在饮食方面一定要注意。

(3)受伤后不要盲目自救，请拨打120。

(五)台风级别

超强台风(SuperTY)：底层中心附近最大平均风速41.5~50.9米/秒，即风力14~15级。

台风(TY)：底层中心附近最大平均风速32.7~41.4米/秒，即风力12~13级。

强热带风暴(STs)：底层中心附近最大平均风速24.5~32.6米/秒，即风力10~11级。

热带风暴(Ts)：底层中心附近最大平均风速 17.2~24.4 米/秒，即风力 8~9 级。

热带低压(TD)：底层中心附近最大平均风速 10.8~17.1 米/秒，即风力 6~7 级。

(六)台风预警信息

台风预警分为蓝色预警、黄色预警、橙色预警、红色预警 4 种。

1. 蓝色预警

24 小时内可能或者已经受热带气旋影响，沿海或者陆地平均风力达 6 级以上，或者阵风 8 级以上并可能持续。

2. 黄色预警

24 小时内可能或者已经受热带气旋影响，沿海或者陆地平均风力达 8 级以上，或者阵风 10 级以上并可能持续。

3. 橙色预警

12 小时内可能或者已经受热带气旋影响，沿海或者陆地平均风力达 10 级以上，或者阵风 12 级以上并可能持续。

4. 红色预警

6 小时内可能或者已经受热带气旋影响，沿海或者陆地平均风力达 12 级以上，或者阵风 14 级以上并可能持续。

二、暴雨

(一)基本概述

暴雨一般指每小时降雨量 16 毫米以上，或连续 12 小时降雨量 30 毫米以上，或连续 24 小时降雨量 50 毫米以上的降水。暴雨往往在短时间内造成内涝，影响交通、群众生产和生活。

中国是多暴雨的国家，除西北个别省份外，几乎都有暴雨出现。冬季暴雨局限在华南沿海；4~6 月，华南地区暴雨频频发生；6~7 月，长江中下游常有持续性暴雨出现，历时长、面积广、雨量也大；7~8 月是北方各省的主要暴雨季节，暴雨强度很大；8~10 月雨带又逐渐南撤。夏秋之后，东海和南海台风暴雨十分活跃，台风暴雨的点雨量往往很大。

（二）暴雨带来的危害

暴雨是中国主要气象灾害之一。长时间的暴雨容易产生积水或径流淹没低洼地段，造成洪涝灾害。据 1950—1999 年资料统计，中国平均每年洪涝灾面积为 942.4 万公顷，严重洪涝年份农田受灾面积可达 1 300 万公顷以上。暴雨是一种影响严重的灾害性天气。某一地区连降暴雨或出现大暴雨、特大暴雨，常导致山洪暴发，水库垮坝，江河横溢，房屋被冲塌，农田被淹没，交通和电讯中断，会给国民经济和人民的生命财产带来严重危害。暴雨，尤其是大范围持续性暴雨和集中的特大暴雨，不仅影响工农业生产，而且可能危害人民的生命，造成严重的经济损失。

中国历史上的洪涝灾害，几乎都是由暴雨引起的，如 1954 年 7 月长江流域大洪涝，1963 年 8 月河北的洪水，1975 年 9 月河南大涝灾，1998 年中国全流域特大洪涝灾害等。

（三）预防措施

（1）预防居民住房发生小内涝，可因地制宜，在低洼地区房屋门口放置挡水板、堆置沙袋或堆砌土坎。

（2）积水中行走时，要注意观察，贴近建筑物行走，防止跌入窨井、坑洞。

（3）驾驶员遇到路面或立交桥下积水过深时，应尽量绕行，避免强行通过。

（4）不要在下大雨时骑自行车。

（四）应急要点

（1）危房及地势低洼住宅里的居民应及时转移。

（2）关闭煤气阀和电源总开关。

（3）室内发生积水时，要及时切断电源。

（4）农田、鱼虾塘应及时排水，降低水位。

（5）立即停止田间农事活动和户外活动。

（6）雨天汽车在低洼处熄火，千万不要在车上等候，要下车到高处等待救援。

(7)户外人员应立即到地势高的地方或山洞暂避。

(五)专家提醒

(1)在山区旅游时遇到下暴雨，要注意防范山洪、滑坡和泥石流。上游来水突然混浊、水位上涨较快时，须特别注意。

(2)下水道是城市的重要排水通道，不要将垃圾、杂物丢入公路下水道，以防影响排水畅通。

(3)家住平房的居民应在雨季来临之前检查房屋，维修房顶。

(4)暴雨期间尽量不要外出，必须外出时应尽可能绕过积水严重的地段。

第七节　暴　雪

一、基本概述

暴雪是因为长时间大量降雪造成大范围积雪的一种自然现象，暴雪是指日降雪量(融化成水)大于等于 10 毫米。暴雪及其伴随的大风降温天气，严重影响甚至破坏交通、通信、输电线路等生命线工程，造成城市断电、断水，压塌建筑物，冻死、冻坏农作物、牲畜，酿成严重灾害。

二、预防措施

(1)关好门窗，固紧室外搭建物。

(2)居民要注意添衣保暖，尤其是要做好老弱病人的防寒工作。

(3)非机动车应给轮胎少量放气，以增加轮胎与路面的摩擦力。

(4)注意收听天气预报和交通信息，避免因机场、高速公路、轮渡码头等停航或封闭而耽误出行。

三、应急要点

(1)大家尽量待在室内，不要外出。

(2)外出要采取保暖防滑措施，当心路滑跌倒。

(3)提防煤气中毒，尤其是采用煤炉取暖的居民。

(4)处在危旧房屋内的人员要迅速撤出，尤其是遇到暴风雪时。

(5)如被暴风雪围困，尽快拨打求救电话。

(6)如果在室外，要远离广告牌、临时搭建物和老树，避免被砸伤。路过桥下、屋檐等处时，要小心观察或绕道通过，以免因冰凌融化脱落伤人。

(7)做好出行前的车辆安全检查，特别是制动、灯光、雨刮器等要处于良好的技术状态，同时做好车窗、挡风玻璃的除雾。

(8)保持足够的安全行驶距离。雾天、雨夹雪都会造成路面湿滑，车辆制动性能降低，易侧滑，必须保持足够的行驶距离。

(9)开防雾灯或车尾雾天信号灯以示目标，不要开远光灯，避免因远光灯光线强烈被雾反射到驾驶员眼中使视线模糊。

(10)驾驶汽车时要慢速行驶并与前车保持距离。车辆拐弯前要提前减速，避免踩急刹车。有条件要安装防滑链，佩戴色镜。

(11)出现交通事故后，应在现场后方设置明显标志，以防连环撞车事故发生。

(12)如果发生断电事故，要及时报告电力部门迅速处理。

四、专家提醒

(1)暴雪天气，雾气较重，能见度低，要注意出行安全。

(2)天气的突变会引起一些疾病的发生，大家要做好保暖措施，预防感冒。

(3)减少不必要的外出。外出时，要采取防寒保暖和防滑措施。

(4)做好防寒保暖准备，储备足够的食物和水。

五、预警信号

暴雪预警信号分为蓝色、黄色、橙色和红色预警信号 4 种。

1. 蓝色预警

12 小时内降雪量将达 4 毫米以上，或者已达 4 毫米以上且降雪持续，可能对交通或者农牧业有影响。

2. 黄色预警

12 小时内降雪量将达 6 毫米以上，或者已达 6 毫米以上且降雪持续，可能对交通或者农牧业有影响。

3. 橙色预警

6 小时内降雪量将达 10 毫米以上，或者已达 10 毫米以上且降雪持续，可能或者已经对交通或者农牧业有较大影响。

4. 红色预警

6 小时内降雪量将达 15 毫米以上，或者已达 15 毫米以上且降雪持续，可能或者已经对交通或者农牧业有较大影响。

第八节 洪 涝

一、基本概述

洪涝指因大雨、暴雨或持续降雨使低洼地区淹没、渍水的现象。水灾分为“洪”和“涝”两种：“洪”，指大雨、暴雨引起水道急流、山洪暴发、河水泛滥、淹没农田、毁坏环境与各种设施等；“涝”，指水过多或过于集中或返浆水过多造成的积水成灾。

洪涝可分为河流洪水、湖泊洪水和风暴洪水等。其中河流洪水依照成因不同，又可分为以下几种类型：暴雨洪水、山洪、融雪洪水、冰凌洪水和溃坝洪水。影响最大、最常见的洪涝是河流洪水，尤其是流域内长时间暴雨造成河流水位居高不下而引发堤坝决口，对地区发展损害最大，甚至会造成大量人口死亡。

洪涝灾害四季都可能发生。

春涝：主要发生在华南、长江中下游、沿海地区。

夏涝：夏涝是中国的主要涝害，主要发生在长江流域、东南沿海、黄淮平原。

秋涝：多为台风雨造成，主要发生在东南沿海和华南。

二、洪涝的特点

1. 范围广

除沙漠、极端干旱地区和高寒地区外，我国大约 2/3 的国土面积都存在着不同程度和不同类型的洪涝灾害。年降水量较多且 60%~80% 集中在汛期 6 至 9 月的东部地区，常常发生暴雨洪水；占国土面积 70% 的山地、丘陵和高原地区常因暴雨发生山洪、泥石流；沿海省、自治区、直辖市每年都有部分地区遭受风暴潮引起的洪水的袭击；北方的黄河、松花江等河流有时还会因冰凌引起洪水；新疆、青海、西藏等地时有融雪洪水发生；水库垮坝和人为扒堤决口造成的洪水也时有发生。

2. 发生频繁

据《明史》和《清史稿》资料统计，明清两代(1368—1911 年)的 543 年中，范围涉及数州县到 30 州县的水灾共有 424 次，平均每 4 年发生 3 次，其中范围超过 30 州县的共有 190 次、平均每 3 年 1 次。新中国成立以来，洪涝灾害年年都有发生，只是大小有所不同而已。特别是 20 世纪 50 年代，10 年中发生的大洪水 11 次。

3. 突发性强

我国东部地区常常发生强度大、范围广的暴雨，而江河防洪能力又较低，因此，洪涝灾害的突发性强。1963 年，海河流域南系 7 月底还大面积干旱，8 月 2 日至 8 日，突发一场特大暴雨，使这一地区发生了罕见的洪涝灾害。山区泥石流突发性更强，一旦发生，人民群众往往来不及撤退，易造成重大伤亡和经济损失。

4. 损失大

1931 年的江淮大水，洪灾涉及河南、山东、江苏、湖北、湖南、江西、安徽、浙江 8 省，淹没农田 1.46 亿亩，受灾人口达 5 127 万，占当时 8 省总人口的 25%，死亡 40 万人。1991 年，中国淮河、太湖、松花江等部分江河发生了较大的洪水，尽管在党中央和国务院的领导下，各族人民进行了卓有成效的抗洪斗争，尽可能地减轻了灾害损失，全国洪涝受灾面积仍达 3.68 亿亩，直接经济损失高达 779 亿元。其中安徽省的直接经济损失达 249 亿元，约占全年工农业总产值的 23%，受灾人口 4 400 万，占全省总人口的 76%。

三、洪涝的危害

洪涝自古以来，洪涝灾害一直是困扰人类社会发展的自然灾害。

1. 经济损失

进入21世纪，世界各国曾先后发生过近40次特大洪涝灾害，每次都导致上万人的死亡和千百万人的流离失所。

中国自古就是洪涝灾害严重的国家。据不完全统计，在从公元前206年到1949年的2155年间，共发生较大水灾1092次，死亡万人以上水灾每五、六年即出现一次。中国平均每年发生严重洪涝灾害5.9次，平均受灾面积667万公顷，其中成灾面积470万公顷，死亡三四千人，倒塌房屋200余万间。1991年全国有25个省份发生不同程度的洪涝灾害，农作物受灾面积2 400万公顷，死亡5 133人，倒塌房屋498万间，直接经济损失达799亿元。

2. 环境破坏

洪水泛滥，淹没了农田、房舍和洼地，灾区人民大规模的迁移；各种生物群落也因洪水淹没引起群落结构的改变和栖息地的变迁，从而打破原有的生态平衡。野鼠有的被淹死，有的向高地、村庄迁移，野鼠和家鼠的比例结构发生变化；洪水淹没村庄的厕所、粪池，大量的植物和动物尸体的腐败，引起蚊蝇孳生和各种害虫的聚集。

3. 水源污染

洪涝灾害使供水设施和污水排放条件遭到不同程度的破坏，如厕所、垃圾堆、禽畜棚舍被淹，可造成井水和自来水水源污染，大量漂浮物及动物尸体留在水面，受高温、日照的作用后，腐败逸散恶臭。这些水源污染以生物性污染为主，主要反映在微生物指标的数量增加，饮用水安全性降低，易造成肠道传染病的爆发和流行。

洪水还将地面的大量泥沙冲入水中，使水体感官性状差，混浊，有悬浮物等。一些城乡工业发达地区的工业废水、废渣、农药及其他化学品未能及时搬运和处理，受淹后可导致局部水环境受到化学污染，或者个别地区储存有毒化学品的仓库被淹，化学品外泄造成较大范围的化学污染。

4. 食品污染

洪涝灾害期间，食品污染的途径和来源非常广泛，对食品生产经营的各个环节产生严重影响，稍不注意防控，常会导致较大范围的食物中毒事件和食源性疾病的爆发。

5. 生物滋生

（1）蚊虫滋生：灾害后期由于洪水退去后残留的积水坑洼增多，使蚊虫滋生场所增加，导致蚊虫密度迅速增加，加之人们居住的环境条件恶化、人群密度大、人畜混杂，防护条件差，被蚊虫叮咬的机会增加而导致蚊媒病的发生。

（2）蝇类滋生：在洪水地区，人群与家禽、家畜都聚居在堤上高处，粪便、垃圾不能及时清运，生活环境恶化，为蝇类提供了良好的繁殖场所。促使成蝇密度猛增，蝇与人群接触频繁，蝇媒传染病发生的可能性很大。

（3）鼠类接触增多：洪涝期间由于鼠群往高地迁移，因此，导致家鼠、野鼠混杂接触，与人接触机会也多，有可能造成鼠源性疾病爆发和流行。

6. 传染病流行

（1）疫源地的影响：由于洪水淹没了某些传染病的疫源地，使啮齿类动物及其他病原宿主迁移和扩大，易引起某些传染病的流行。出血热是受洪水影响很大的自然疫源性疾病，洪涝灾害对血吸虫的疫源地也有直接的影响，如因防汛抢险、堵口复堤的抗洪民工与疫水接触，常爆发急性血吸虫病。

（2）传播途径的影响：洪涝灾害改变生态环境，扩大了病媒昆虫孳生地，各种病媒昆虫密度增大，常导致某些传染病的流行。疟疾是常见的灾后疾病。

（3）洪涝灾害导致人群迁移引起疾病：由于洪水淹没或行洪，一方面使传染源转移到非疫区；另一方面使易感人群进入疫区，这种人群的迁移极易导致疾病的流行。其他如眼结膜炎、皮肤病等也可因人群密集和接触频繁，增加传播机会。

（4）居住环境恶劣引起发病：洪水毁坏住房，灾民临时居住于简陋的帐篷之中，白天烈日暴晒易致中暑，夜晚易着凉感冒，年老体弱、儿童和慢性病患者更易患病。

四、应急要点

（1）山区连降大雨，要尽量避免过河，防止被洪水冲走。

（2）遇到洪水灾害，要设法发出求救信号。

(3)可利用船只、木板、木床等浮力大的漂移物转移。

(4)不要冒险涉水，要在安全地带等待救援。

(5)尽量向屋顶、大树、高坡等处转移。

(6)转移时先人后财物，先老幼病残后其他人员。

五、专家提醒

(1)一旦发生洪涝灾害，容易发生塌方、溺水、雷伤、触电、毒蛇和毒虫咬蜇等多种危险。

(2)遇洪水时，首先，应该迅速登上山冈、牢固的高层建筑避险，而后，要与救援部门取得联系。

(3)注意收集各种漂浮物，如船只、木板、木床、木盆、木桶等都不失为逃离险境的好工具。

(4)不了解水情时，一定要在安全地带等待救援。

(5)受到洪水威胁时，如果时间充裕，应按照预定路线，有组织地向山坡、高地转移。在城市应向高层建筑平坦楼顶等处转移；在措手不及、已经受到洪水包围的情况下，要尽可能利用船只、木排、门板、木床等漂浮物进行水上转移。

(6)洪水来得太快，已经来不及转移时，要立即爬上屋顶、楼房高屋、大树、高墙，做暂时避险，等待救援。不要单身游水转移。

(7)发现高压线铁塔倾倒、电线低垂或断折时，要远离避险，不可触摸或接近，防止触电。

(8)在山区，如果连降大雨，容易暴发山洪、山体滑坡、滚石和泥石流。一旦山洪暴发，一定要保持冷静，迅速判断周边环境，尽快向山上或较高地方转移；如一时躲避不及，应选择一个相对安全的地方避洪。不要沿着行洪道方向跑，而要向两侧快速躲避。千万不要涉水过河，以防止被山洪冲走，还要注意防止山体滑坡、滚石、泥石流的伤害。

第九节　地　震

四川汶川大地震，发生于北京时间2008年5月12日14时28分04.1秒（协调世界时5月12日06时28分04.1秒），震中位于中国四川省阿坝藏族羌族自治州汶川县境内、四川省省会成都市西北偏西方向90千米处。

根据中国地震局的数据，此次地震的面波震级达8.0Ms、矩震级达8.3MW，破坏地区超过10万平方千米。地震烈度可能达到11级。地震波及大半个中国及多个亚洲国家。北至北京，东至上海，南至香港、泰国、台湾、越南，西至巴基斯坦均有震感。

截至2009年5月25日10：00，共遇难69 227人，受伤374 643人，失踪17 923人。其中四川省68 712名同胞遇难，17 921名同胞失踪，共有5 335名学生遇难或失踪。直接经济损失达8 451亿元。是新中国成立以来影响最大的一次地震。

一、基本概述

地震又称地动、地震动，是地壳快速释放能量过程中造成振动，其间会产生地震波的一种自然现象。大地震往往造成房屋倒塌、地面破坏，并引发火灾、水灾、有害气体泄漏等次生灾害。

二、震时避险

（一）室内避震

地震一旦发生，首先，要保持头脑清醒，及时判别震动状况，千万不可在慌乱中跳楼，这一点极为重要。其次，可躲避在坚实的家具下或墙角处，亦可转移到承重墙较多、开间小的厨房、厕所暂避。需要特别注意的是，当躲在厨房、卫生间这样的小开间时，尽量离炉具、煤气管道及易破碎的碗碟远一些。若厨房、卫生间处在建筑物的犄角旮旯里，且隔断墙为薄板墙时，就不要把它选择为最佳避震场所。蹲在暖气旁较安全，暖气的承载力较大，金属管道的网络性结构和弹性使其不易被撕裂，即使在地震产生大幅度晃动时也不易被甩出去；暖气管道通气性好，不容易造成人员窒息；管道内如有存水还可延长存活期。更重要的一点是，被困人员可采用击打暖气管道的方式向外界传递信息，而暖气靠外墙的位置有利于最快获得救助。而且管道都经过处理，具有较好的支撑力，抗震系数较大。

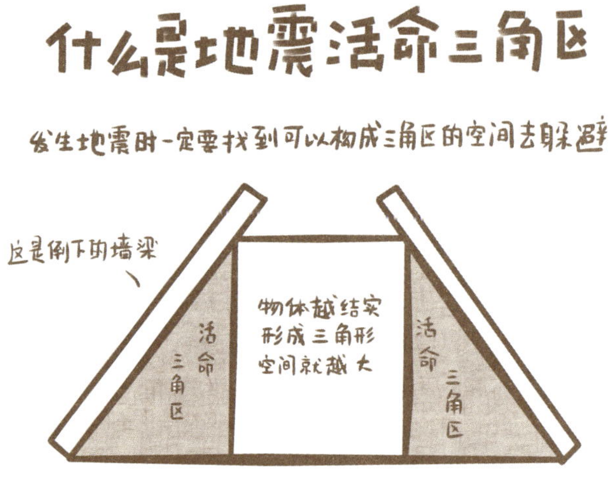

1. 应急要点

（1）躲避时身体应采取的姿势有：蹲下或坐下，尽量蜷曲身体，降低身体重心，额头枕在大腿上，双手保护头部。如果有条件，还应该拿软性物品护住头部，用湿毛巾捂住口鼻。

(2)避开吊灯、电扇等悬挂物。

(3)不要靠近煤气灶、煤气管道和家用电器，尽量靠近水源处。

2. 专家提醒

(1)震时要沉着冷静，及时反应。

(2)不要躲在桌子、床铺下面，而是要以比桌、床高度低的姿势，躲在桌子、床铺的旁边。

(3)在地震发生时，要第一时间关闭火源、电源、气源，处理好危险物品后，再行避险。

(4)已经脱险的人员，震后不要急于回屋，以防余震。

(二)户外避震

地震发生时，高层建筑物的玻璃碎片和大楼外侧混凝土碎块以及广告招牌、霓虹灯架等，可能掉下伤人，因此在街上行走时，最好将身边的皮包或柔软的物品顶在头上，无物品时也可用手护在头上，尽可能做好自我防御的准备。

1. 应急要点

(1)就地选择开阔地带避险，蹲或趴下，以免摔倒。

(2)驾车行驶时，尽快降低车速，选择空旷处停车。

(3)避开高架桥、高烟囱、水塔等建筑物。

(4)远离高压线及石化、化学、煤气等有毒的工厂或设施。

(5)在野外，避开河岸、陡崖、山脚，以防坍塌、崩塌、滑坡和泥石流。

2. 专家提醒

户外情况复杂，震时注意观察，选择恰当的方法避险，避免意外伤亡。

三、震后救援

(一)震后自救

震后如果发现自己不能脱险，应采取延长生存时间的自救措施。地震引起房倒屋塌时，空气中漂浮着大量灰尘，因此，首先，要防止呼吸道被尘埃堵塞：挪开头部、胸部的杂物；闻到煤气、毒气时，用湿衣服等物捂住口鼻；

避开身体上方不结实的倒塌物和其他容易掉落的物体；扩大和稳定生存空间，用砖块、木棍等支撑残垣断壁，以防余震发生后环境进一步恶化。其次，决定生死的首要条件是有无空气，故不要乱喊叫，尽量节省氧气，保存体力，用石块敲击能发出声响的物体，向外发出呼救信号，不要哭喊、急躁和盲目行动，这样会大量消耗精力和体力，要尽可能控制自己的情绪或闭目休息，等待救援人员到来。如果受伤，要想法包扎，避免流血过多。最后，要冷静观察自身所处环境，努力创造供生存的安全空间和易于被外面人发现的条件。如果被埋在废墟下的时间比较长，救援人员未到，或者没有听到呼救信号，就要想办法维持自己的生命，尽量寻找食品和饮用水，必要时自己的尿液也能起到解渴作用。

1. 应急要点

(1)被压埋后，如果能行动，应逐步清除压物，尽量挣脱出来。

(2)要尽力保证一定的呼吸空间，如有可能，用湿毛巾等捂住口鼻，避免灰尘呛闷发生窒息。

(3)注意外边动静，伺机呼救。尽量节省体力，不要长时间呼喊，可用敲击的方法呼救。

(4)尽量寻找水和食物，创造生存条件，耐心等待救援。

2. 专家提醒

被压埋后，要坚定自救的勇气和信心，精神不能崩溃。

(二)震后互救

1. 应急要点

(1)根据房屋居住情况以及家庭、邻里人员提供的信息判断，采取看、喊、听等方法寻找被埋压者。

(2)采用锹、镐、撬杠等工具，结合手扒方法挖掘被埋压者。

(3)在挖掘过程中，应首先找到被埋压者的头部，清理口腔、呼吸道异物，并依次按胸、腹、腰、腿的顺序将被埋压者挖出来。

(4)如被埋压者伤势严重，施救者不得强拉硬拖，应设法使被埋压者全身暴露出来，查明伤情，采取包扎固定或其他急救措施。

(5)对暂时无力救出的伤员，要使废墟下面的空间保持通风，递送食品，等待时机再进行营救。

(6)对饥渴、受伤、窒息较严重，埋压时间又较长的人员，被救出后要用深色布料蒙上眼睛，避免其受到强光刺激。

(7)对挖掘出的伤员采取人工呼吸、包扎、止血、镇痛等急救措施后，迅速送往医院。

2. 专家提醒

(1)不要轻易站在倒塌物上。挖掘时要分清哪些是支撑物，哪些是埋压阻挡物，应保护支撑物，清除埋压阻挡物，才能保护被埋压者赖以生存的空间不遭覆压。

(2)根据伤员的伤情采取正确的搬运方法。怀疑伤员有脊柱骨折的，要用硬板担架搬运，严禁人架方式，以免造成更大伤害。

第十节 雷 电

一、基本概述

雷电是伴有闪电和雷鸣的一种雄伟壮观而又令人生畏的放电现象。夏日极易发生触电事故，一则由于天气潮热多雨，同时人体分泌出大量的汗液，这种情况下使用电器容易导电；二则由于雷雨增多，在室外发生雷电事故的概率增加。

二、预防措施

(1)注意关闭门窗，室内人员应远离门窗、水管、煤气管等金属物体。

(2)关闭家用电器，拔掉电源插头，防止雷电从电源线入侵。

(3)尽量不要拨打或接听电话，也不要用电话上网，最好拔掉电源和电话线，可以在电源线和电话线上安装避雷器。

(4)在室外时，要及时躲避，不要在空旷的野外停留。在空旷的野外无处躲避时，应尽量寻找低洼之处（如土坑）藏身，或者立即下蹲，降低身体的高度。

（5）立即停止室外游泳、划船、钓鱼等水上活动。

三、应急要点

（1）远离孤立的大树、高塔、电线杆、广告牌。不要用手摸扶大树，因为这时潮湿的树干已变成了一个引雷装置，最好与大树保持5米以外的距离。

（2）不要在水边和洼地停留，切勿站在楼顶、山顶，不要接近其他易导电的物体，应迅速到干燥的室内避雨，若找不到房子，应就近到山间或山岩下避雨。

（3）不要拿着金属物品在雷雨中停留，随身所带的金属物品应放在5米外的地方；在雷雨中不宜打伞，也不宜将羽毛球拍等可导电的物品扛在肩上。

（4）若多人共处室外，相互之间不要挤靠，以防被雷击中后电流互相传导。

四、专家提醒

（1）高大建筑物上必须安装避雷装置，防御雷击灾害。

（2）对被雷击中的人员，应立即采取心肺复苏法抢救。

（3）雷雨天尽量少洗澡，太阳能热水器用户切忌洗澡。

（4）雷雨天气出门要穿胶鞋，这样可以起到绝缘作用，不宜骑摩托车或自行车。

（5）人在汽车内一般不会遭到雷电袭击，因为封闭的金属导体有很好的防雷功能，但不要将手伸出车外。

第十一节　泥石流

一、基本概述

泥石流是指在山区或者其他沟谷深壑和地形险峻的地区，因暴雨、暴雪或其他自然灾害引发的山体滑坡并携带有大量泥沙以及石块的特殊洪流。泥石流具有突然性以及流速快、流量大、物质容量大和破坏力强等特点。泥石流以极快的速度，发出巨大的声响穿过狭窄的山谷，倾泻而下。它所到之处，墙倒屋塌，一切物体都会被厚重黏稠的泥石所覆盖。山坡，斜坡的岩石或土体在重力作用下，失去原有的稳定性而整体滑坡。泥石流常常会冲毁公路、铁路等交通设施甚至村镇等，造成巨大损失。如果发现河（沟）床中正常流水突然断流或洪水突然增大并夹有较多的柴草、树木，深谷、沟内传来类似火车、闷雷似的轰鸣声，并伴有轻微震感，可确认上游已形成泥石流，此时应迅速离开危险地段。

二、预防措施

（1）沿山谷徒步行走时，一旦遭遇大雨，发现山谷有异常的声音或听到警报时，要立即向坚固的高地或发生泥石流的旁侧山坡跑去，不要在谷地停留。

（2）一定要设法从房屋里跑出来，到开阔地带躲避，尽可能防止被埋压。

（3）要选择平整的高地作为营地，尽可能避开有滚石和大量堆积物的山坡下面，不要在山谷或河沟底部扎营。

（4）发现泥石流后，要马上往与泥石流成垂直方向一边的山坡上面爬，爬得越高越好，跑得越快越好，绝对不能沿着泥石流的流动方向走。发生山体滑坡时，同样要向垂直于滑坡的方向逃生。

三、应急要点

（1）向滑坡方向的两侧逃离，并尽快在周围寻找安全地带。

（2）当无法继续逃离时，应迅速抱住身边的树木等固定物体。

（3）自救时，将滑坡体后缘的水排干。从滑坡体的侧面开始挖掘。

四、专家提醒

（1）当地面出现裂缝时，有可能发生滑坡。

（2）当斜坡局部沉陷，而且该沉陷与地下存在的洞室以及地面较厚的人工填土无关时，将有可能发生滑坡。

（3）山坡上建筑物变形，而且变形建筑物在空间展布上具有一定的规律，将有可能发生滑坡。

（4）泉水、井水的水质浑浊，原本干燥的地方突然渗水或出现泉水，蓄水池大量漏水时，很有可能发生滑坡。

（5）地下发生异常响声，同时家禽、家畜有异常反应，即有可能发生滑坡。

（6）滑坡已经过去，在确认自家的房屋远离滑坡区域、完好安全后，方可进入生活。在重新入住之前，应注意检查屋内水、电、煤气等设施是否损坏，管道、电线等是否发生破裂和折断，如果发现故障，应立刻修理。

（7）不要在滑坡危险期未过时就回到发生滑坡的地区居住，以免再次遭遇滑坡。

发生泥石流以后，灾区的卫生条件差，特别是饮用水的卫生难以得到保障，首要预防的是肠道传染病，如霍乱、伤寒、痢疾、甲型肝炎等。人畜共患疾病和自然疫源性疾病也是洪涝期间极易发生的，如鼠媒传染病有：钩端曼旋体病、流行性出血热等。灾害期间常见皮肤病有：浸渍性皮炎、虫咬性皮炎、尾蚴性皮炎。可能出现的意外伤害有：溺水、触电、中暑、外伤、毒虫咬螫伤、毒蛇咬伤、食物中毒、农药中毒等。对此，专家提醒，泥石流和水灾后易出现疫情，灾区群众应注意预防传染病。注意饮食和饮水卫生，养成良好的生活习惯是预防传染病的关键。灾区群众要把好“病从口入”关，不要喝生水，饭前便后要洗手，不用脏水漱口或洗瓜果蔬菜，不食用发霉、腐烂的食物，淹死、病死的家禽家畜要深埋，掌握“勤洗手、喝开水、吃熟食、趁热吃”的防病口诀。

04

第四章
野外生存与自救常识

DA XUE SHENG AN QUAN YING JI SHOU CE

第一节　取　水

一、饮水与消毒

遇险时，尤其是在炎热地区、沙漠地区，水的供应是至关重要的。

1. 水源

自然界的水源有以下这些：

(1)地表水，如江河、湖泊、溪流等；

(2)地下水，如井水、泉水、地下蓄水池等；

(3)生物水，一些植物含有充分的水分，如仙人蕉、竹子、仙人掌等；

(4)天上水，如雨水、雪水、露水及溶化的冰块等。

2. 净化

雨水、泉水、井水、山间流动的溪水可以直接饮用。但是静止的或流动缓慢的水中含有大量的有机物及细菌，需要净化处理后方可饮用。净化是指消除水中的有机物，进行消毒，并去掉异味。

饮用水里的悬浮物质和胶质物质越少越好，否则长期饮用容易致病。净化水可以用饮水消毒片、漂白粉精片以及明矾等药品。在野外，因条件限制，也可以用一些含有黏液质的野生植物净化浑浊的饮用水。如贯丛的根和茎，榆树的皮、叶、根，木棉的枝和皮，仙人掌和霸王鞭的全株，水芙蓉的皮和叶，都含有黏液质，都含有糖类高分子化合物。这些植物与钙、铁、铅、镁等二阶以上的金属盐溶液化合，形成絮状物，在沉淀过程中能吸附悬浮物质沉底，起到净化浑水的作用。

在野生植物中，仙人掌、霸王鞭是可以食用的植物，而且净水时用量很少，产生的絮状物又能沉淀析出，用其澄净饮用水是最理想的。用野生植物净水，最好挑选新鲜的植物，将其捣烂磨碎。使用时在一桶水内放 4 克左右植物糊，搅拌 3 分钟后再静止 10 分钟，浊水即能澄清。

植物净水，虽然絮状物沉淀时能除去部分细菌和微生物，但是没有消毒作用。因此，饮用水最好再加少许漂白粉消毒。如无漂白粉，用稀盐酸或碘酒滴入水中几滴，也能起消毒作用。

在遇险求生条件下，还可采用以下简易办法净化饮用水：

(1)找一个容器，如帆布袋、聚乙烯塑材袋、大铁罐、一端打结的衣袖或袜子；

(2)在容器底部铺一层细砾石，然后铺一层沙子，一层炭粉，如此重复铺多次，层数越多越好，每层约 2.5 厘米厚，如果没有沙子，就用细砾石代替，在容器底部钻一些小孔，把水倒进容器，下面用杯子承接。

(3)在离水源半米处挖一个浅坑，过一些时间，坑内就会渗出清澈干净的水来。

3. 消毒

煮沸消毒。在海平面，至少煮沸 1 分钟；在海拔较高地区时间要延长，海拔每增高 1 000 米，煮沸时间增加 3～4 分钟。

化学消毒。消毒剂有二氯磺胺苯甲酸、碘化物、哈拉宗等。在 1 升水中放入 2 片二氯磺胺苯甲酸，静置 15～30 分钟即可达消毒目的。没有此药剂时，可在每升水中滴入 8～10 滴碘酒。

4. 杀菌

如果要把细菌杀死，须按下列方法之一去做：

(1)净化水药片是最易使用的。在进入沙漠之前，可从药店买一些，按该药片的说明使用。一般情况下，1 片净化水药片足够净化 1 升清水，2 片可净化 1 升浊水。净化后的水在使用前，要让其沉淀 30 分钟。不仅在自救避险中和汽车、飞机上需要它们，而且也应当在家里保存一些以备急用。

(2)每升清水加 3 滴碘酒，浊水则加倍。沉淀 30 分钟后备用。

(3)每升清水加 2 滴家用漂白剂(5.25% 亚氯酸盐钠)，浊水加 4 滴。把水摇动一会，沉淀 30 分钟后用。漂白的水会有很淡的亚氯酸盐味。

二、寻找水源

在许多干旱的沙漠、戈壁地区，生长着柽柳、铃铛刺等灌木丛，这些植物告诉我们，这里地表下 6～7 米深就有地下水；有胡杨林生长的地方，则说明地下水位距地表面不过 5～10 米；芨芨草指示地下水位于地表下 2 米左右；茂盛的芦苇指示地下水位只有 1 米左右；如果发现喜湿的金戴戴、马兰花等植物，便可知地表下挖 50 厘米或 1 米左右就能找到地下水。

在南方，根深叶茂的竹丛不仅生长在河流岸边，也常生长在与地下河有关的岩溶大裂隙、落水洞口的地方。例如，在广西许多岩溶谷地、洼地生长有成串的或独立的竹丛地，常常就是有大落水洞的标志。这些落水洞，有的在洞口能直接看到水，有的在洞口看不到水，但只要深挖下去，往往便能找到地下水。

另外，在地下水埋藏浅的地方，泥土潮湿，蚂蚁、蜗牛、螃蟹等喜欢在此做窝聚居；冬天，青蛙、蛇类动物喜欢在此冬眠；夏天的傍晚，因其潮湿凉爽，蚊虫通常在此成柱状盘旋飞绕。

同学们还可以通过实验确定地下水位的深浅。如在地上挖一小坑，用盘子扣在坑底上，上面盖些草，早晨盘上若有小水珠，表明地下水位高；或挖 1 米的坑，在坑中点燃多烟的草木，若烟柱呈弯曲状升起，地下水位高。

由于水在自然界的广泛分布和流动，特别是地面水流经地域很广，一般情况下很难保证水源不受污染。如果有地图，要注意水源上游有无矿山，若有矿山，水源有可能受矿物质污染。若河川的石块有异常的茶红色，此处河水不喝为好；若没有鱼类或其他生物栖息在水源附近，就更要慎重。

通常雨水可直接饮用。下雨时，可用雨布、塑料布大量收集雨水。用空罐头盒、杯子、钢盔等容器收接雨水时，可放在干净的石头上，不要放在地上，因为雨势较大时，地面的泥水会溅到接水的容器中。

在野外没有可靠的饮用水，又无检验设备时，我们可以根据水的色、味、温度、水迹等概略地鉴别水质的好坏。

纯净的水在水层浅时无色透明，深时呈浅蓝色。可以用玻璃杯或白瓷碗盛水观察，通常水越清水质越好；水越浑则说明水里杂质多。水色随含污不同而变化，若含有低价铁化合物则呈淡绿蓝色，含高价铁或锰则呈黄棕色，含硫化氢则呈浅蓝色。

一般清洁的水是无味的，而被污染的水则常有一些异味。如含硫化氢的水有臭鸡蛋味，含盐的水则带咸味，含铁较高的水带金属锈味，含硫酸镁的水有苦味，含有机物质的水有腐败、臭、霉、腥、药味。为了准确地辨别水的气味，可以用一只干净的小瓶，装半瓶水，摇荡数下，打开瓶塞后立即用鼻子闻；也可把盛水的瓶子放在约 60℃ 的热水中，若闻到水里有怪味，就不能饮用。

地面水（江河、湖泊）的水温，因气温变化而变化。浅层地下水，受气温影响较小，深层地下水，水温低而恒定。如果水温突然升高，多是有机物污染所致。工业废水污染水源后也会使水温升高。

可以用一张白纸，将水滴在上面晾干后观察水迹。清洁的水是无斑迹的；若有斑迹，则说明水中杂质多，水质差。

在野外，最好不要饮用从杂草中流出的水，而以饮用从断崖裂缝或岩石中流出的清水为佳。饮用河流或湖泊中的水时，可在离水边一两米的沙地中挖个小坑，坑里渗出的水较之从河湖中直接提取的水清洁。

在原始森林中，许多小溪、河流表面看起来清澈干净，实际上却含有多种有害的病菌。人一旦饮用就会染上像痢疾、疟疾这样严重的疾病。1943 年 2 月，在缅甸作战的英国特种部队在丛林中行进 300 多千米，因为水的问题，短短两个月时间，就有三分之一的队员死亡或患病而不能继续前进，最后英军不得不取消预定的远程渗透作战。

切记，无论多么口渴，都不要饮用不洁净的水，以防止病菌通过饮水进入体内。这在热带丛林地区尤其重要。除非万不得已，否则一定要将水煮开再喝。

三、海水、盐碱水的淡化

在海边，如果没有离子交换树脂脱盐剂，可以用煮海水来收集蒸馏水的方法使海水淡化。煮海水时，在锅盖内侧贴上毛巾，将蒸馏水的水珠吸附在毛巾上，然后再拧在大贝壳或其他容器内。这样反复制作，就可得到所需要的淡水。第二次世界大战中，有一些中国和英国海员在没有人迹的荒岛上用类似的方法，大量地制造了淡水并维持了 76 天生命，终于等到英军飞机的救援。

冬季，可将海水放在一个容器中冻结。当海水冻冰时，大部分溶解在水中的盐分就会结晶而离水，因此，冰块基本上是淡化的。而将未冻冰的水，即浓盐水在锅里加热，熬干后可得结晶盐，再展于纸上，除去苦分，即得食盐。

我国西北地区的沙漠戈壁中，在有植物的地方，通常深挖 4~5 米即有浅层地下水。水经沙层过滤，一般清澈透明，但因地下水大量蒸发浓缩而成盐碱水，不能饮用。如无离子交换树脂脱盐剂，则可用上述海水淡化的方法处理后饮用。

我国西北沙漠地区的居民，用当地的地椒草处理苦咸水。在 1 千克含矿物质0.37%~0.72%的苦咸水中加入0.1~1.9克的干地椒草同煮，虽然不能除去苦咸，但可以防止发生腹痛、腹胀、腹泻。

在有湿沙或苦咸水的地方，可以用简易的太阳蒸馏器取得淡水。方法是挖一个直径1.5米、深1米的沙坑，中间放一个接水的容器，上面盖一层透明塑料膜，四周用沙子或石头固定，中间放上一块小石子，使塑料膜成一倒圆锥体。阳光透过塑料膜使沙坑中的水分蒸发，水蒸气遇到塑料膜凝结成水滴，顺着圆锥体的顶端滴入容器内。这种方法，每天可以获得蒸馏淡水1.5升左右。

在万不得已的情况下，是否可以饮用海水，这个问题目前尚有争论。有人认为，海水盐度高于人体含盐量的四倍，饮入海水会使体内总渗透压升高，虽然暂时可以解渴，但不久就会大量排尿，使体内水分大量丧失。但是也有不少人认为，短时间少量饮入海水，会有利于延长生命。有人试验，从落海第一天开始喝海水，每隔一个半小时喝一次，每次50毫升，每天只喝500毫升，连饮4~5天后，再喝淡水，结果试验者体内的新陈代谢很快恢复正常。

被誉为“海军的榜样”的法国博士阿兰·邦巴尔说：“如果你有淡水，在严格控制比例的情况下，加进海水可延长你的供水时间；如果你没有淡水就喝海水来救命，直到你能得到雨水、得到一条鱼来挤压成鱼汁或等到救生船来到为止。”阿兰·邦巴尔并不是提倡喝海水，而是强调在生死紧急关头，在严格的控制下才能喝海水。阿兰·邦巴尔的经验是2:1的比例，即用二份淡水、一份海水掺合在一起饮用，一般不会伤害人的身体，而会大大延长海上遇难者的生命。因为只有赢得时间，才能积聚力量去捕鱼和收集雨水，才能继续航行和向援救船发出信号。法国著名海军主治军医布里埃奥里在最近的著作中写道：“遇难者可以喝少量的海水，每天可达800~900毫升，不要等完全脱水时再喝。”在第二次世界大战中，有三个失事的水兵，在黑海中漂游，他们饮用海水止渴，其中一名连续喝了34天，他在头两天只能用又苦又涩的海水润润喉咙，以后就喝一两口，到了第三天，渴得忍耐不住便大量地喝，一昼夜喝了2 000毫升左右，然而，他却活下来了。可见，在没有淡水的情况下，少量饮用海水也是一种应急的办法。

四、解渴的植物和应急的解渴方法

山野中有许多植物可用以解渴，如北方的黑桦、白桦的树汁，山葡萄的嫩条，酸浆子的根茎，南方的芭蕉茎、扁担藤等。

北方的初春，在桦树杆上钻一个深3～4厘米的小孔，插入一根细管(可用白桦树皮制作)，从小孔流出到容器中的汁液每晚可达1～2升。白桦树液在空气中很快就会发酵，因此应立即饮用。

西南边疆密林中的扁担藤，因其形似扁担而得名。它是一种常年生的植物，通常缠绕在树干上。藤长约5～6米，藤面呈灰白色，叶色深绿，叶面宽约3～4厘米，呈椭圆形，比一般树叶稍厚。砍断藤子后，可以看到条条小筋的断痕，并很快就会流出可供饮用的清水。生活在西双版纳的傣族猎人进山，一般不带水壶，就靠这种天然水壶中的清水解渴。

热带丛林中还有一种储水的竹子，这种竹子通常生长在山沟的两旁，直径约10厘米，青翠挺拔，竹节长约50厘米。选择竹子找水时，应先摇摇竹竿，听听里面是否有水的声响，无水响的竹子不必砍。另外，检查竹节外表是否有虫眼，有虫眼的竹节里的水不能喝。汲水的方法是将竹节一头砍开个洞，将水倒入碗里，也可削一根细竹管插进竹筒里吸。竹节内的水不仅卫生，还带有一股淡淡的竹香，被边防战士称为“直立的凉泉”。

如果找不到解渴的植物，还有一种极为简便的取水方法。澳大利亚飞行员布拉依安·卡瓦吉，曾将一个塑料袋套在树枝上，将袋口扎紧。树叶蒸发出来的水分就会聚集在袋里。天气越热，蒸发量越大，得到的水就越多。利用这个方法，每天取水可达1升。还可以用塑料布收集露水。从半夜到天明这段时间里，气温逐渐下降，空气中的水分便凝结成露水，贴附在地面或植物上。早晨将塑料布铺在草丛下面，摇晃草，使露水一滴滴地落下来，积少成多，可解干渴之急。

在缺水的情况下，水要合理饮用。最初可以不喝水，或者仅湿润口腔、咽喉。当然，也不要勉强忍耐干渴，以致使身体出现失水症状。喝水要得法，应该采取“少量多次”的方法。试验证明：一次饮1 000毫升水，380毫升则由小便排出：假若分10次喝，每次80毫升，小便累计才排出80～90毫升，水在体内就可以得到充分利用。如果每昼夜喝水不超过500～600毫升，这在5～6天内对人体不会发生有害作用。

在实在无水的情况下，小便也可以应急解渴。实际上，小便并不污秽，只是因为心理作用，总觉难以下咽。有条件的话可以做一个过滤器，在竹筒的底端开一个小孔，由上顺序放入小石子、砂、土、碎木炭，将小便排泄于此，小孔下面就会流出过滤的水。

总之，在野外，最好能携带可以简单净水的一些设备，还有净水片。就算你包里已经背了水袋，以防万一，也要带一个水壶，会给出行带来很多方便。

第二节 取 火

一、火堆位置选择

要把火堆设在沙洲、平岩石或其他安全的地方，清理周围的地面，移开易燃的东西。要选择矿物质地面，清理出直径约 3 米的圆地，把火堆设在中间。如果必须在湿地、泥地、沼泽、雪地或冰上取火，要用片石、青圆木建一平台，把火堆设在上面，要用远离河岸岩石或石块。

注意：

(1)不要把火堆设在低垂的树枝下面；

(2)为保证防风和最好的取暖效果，可利用天然的沟坎，或先用原木垒成墙，这样可将火堆上的热反射到隐蔽的场所；

(3)要保证火堆彻夜不灭，可用泥土或石块堵住四周，以减少空气流动，只要在火堆里放几根耐烧硬木，就会使火燃到木堆中间，码好火堆后，用灰和土轻压一下，这样火能闷燃到第二天早上；

(4)生火处 1.5 米的范围内不能放任何易燃易爆物；

(5)撤离时，必须将火彻底熄灭，以免引起森林火灾。

二、可选择的引火物

(1)干草、小树枝、枯树叶、小木块都可用来引火，如果是雨天，可在树底下或岩石底下寻找干燥的引火物。

(2)针叶松的干果或落果通常是多树脂的，是极好的引火物。枯死的松树的节子上常有松树油或松脂。有时，在枯死的老树根上，也可挖到树脂。即使是雨天，桦树皮也是很好的引火物，因为里面含有易燃的油脂。

(3)在没有树的地区，同样有天然燃料，如拧成绳的干草、枯死的灌木、煤泥干、油页岩、含油的沙土、干的动物粪便和动物油等。若找不到干燥的天然引物，可利用棉衣里的棉絮，药箱里的绷带，口袋里积聚的绒毛等。

(4)燃着引火物，轻吹火头，加上引火小树枝或木片。木块要堆得疏松，保持空气流通。烧旺后才可加上粗木块。

三、引火方法

火柴是点火的最便利的工具。多携带一些标有"非安全""可以在任何地方划着"标记的火柴，把它们扎成一捆放在防水容器内，防止它们相互摩擦导致自燃，另外也可防止火柴自身变潮。

注意：火柴受潮也是有办法补救的，如果头发干燥并且不油腻，可将潮湿的火柴放在头发里摩擦一番，头发产生的静电会使它干燥。另外，通过在火柴上滴蜡可防止火柴变潮。点火时，可用指甲将蜡层剥除即可。

火柴和打火机是野外生活不可缺少的物品。没有火柴和打火机时，可用以下方法取火。

1. 凸透镜引火

把凸透镜(如放大镜)放在阳光下，聚集太阳的光线，照射在准备好的引火物上，如腐木、布中抽出的纱线、撕成薄片的干树皮、干木屑等，点燃引火物。如果没有现成的凸透镜，可以从望远镜、照相机、瞄准镜上取下一块凸透镜来代替。阳光强烈时利用放大镜取火，最好的引火物是汽油、酒精和火药或导火索，可在一两秒内点燃。此外，在手电筒反光碗的焦点上放引火物，在太阳下照射也能取火。在冰雪地带，可以把冰块加工成中间厚、周边薄的一个圆形特大凸透镜，再将这个特殊的凸透镜立在阳光下，也可聚焦阳光点燃引火物。

2. 击石取火

找一块坚硬的石头，用小刀的背面或小片钢铁向下敲击石头，使火花落到引火物上。当引火物开始冒烟时，缓缓地吹或扇，使其燃烧。并不是任何石头都能砸出火花引火，如果打不出火，另外寻找一块石头再试。

3. 钻木取火

在一块硬木板边缘切开一个"V"形开口，在对应的地上也凿一个"V"形的浅槽，槽里盛放引火物。在木板上的"V"形开口处不远凿一个小洞，用一根中空的柔软而且带软木髓的树茎作为纺锤，将纺锤较细的一端支在小洞里，用两个手掌钻动，中间不能停歇，使它逐渐向下深入，直到摩擦使纺锤发热发红，轻轻吹气即可点燃引火物。

另外，在平坦的木板上磨玻璃片，旁边准备好引火物，一直迅速摩擦，直到发烫，然后吹燃引火物。也可用两块软质的木头或竹片用力相互摩擦取火，下面垫以棕榈树皮或椰子叶底部的干燥物作火种。还可以在一块软木底部刨一条直沟，然后将一根矛状硬木的尖端在直沟上前后“犁”行，这样也可以产生出火种。

4. 弓钻取火

用强韧的树枝或竹片绑上鞋带、绳子或皮带，做成一个弓。在弓上缠一根干燥的木棍，用它在一小块硬木上迅速地旋转。这样会钻出黑色粉末，最后，这些粉末会冒烟而生出火花，点燃火种。

5. 藤条取火

找一根干树干，劈开一头，将裂缝撑开，塞上引火物；用一根长约两尺的藤条穿在引火物后面，双脚踩紧树干，迅速地左右抽动藤条，使之摩擦发热，点燃引火物。

6. 其他现代方法

（1）电火花法。若有电量较大的电池，将正负两极接在削了木皮的铅笔芯的两端，顷刻间，铅笔芯就会烧得像电炉丝一样通红。如驾车旅行的话，可取两根长导线，连在电瓶的正负两极接线柱上。如果没有电线，可以用两个扳手或其他金属工具代替。如果导线不够长，可将电池从车中取出，将两根导线末端慢慢接触，电池短路会产生火花。这时，一块沾了汽油的布是最好的火种。用这种方法千万要小心，避免触电。

（2）闪光信号灯法。如果有飞机、汽车或游艇，而且上面装着闪光信号灯，可将灯罩顶部在岩石上碰碎，用闪亮的灯点火。

四、如何点篝火

(1)点篝火应选择背风的地方，不能距离帐篷过近，以防火灾。选择干燥的地方，如果必须在湿地或雪地生火，要先用木块或石块垫在地面。

(2)为了使篝火热量集中，并且不受风的影响，可在篝火背风面搭建防风墙。

(3)常用的几种篝火如下：

a. 密林篝火　在地上横放一根较粗的圆木，上面斜搭几根较细的干木棒，一边烧一边挪动。适用于冬季无帐篷露营。

b. 星形篝火　在地上放 5～10 根圆木，让它们一头并拢成星形，从中间点燃，一边烧一边将圆木往里推。这种篝火散发的热量大，几个人围着它在雪地上睡觉都可以。

c. 长条形篝火　将两段约为人体长短的圆木顺风叠放，在边上打入湿木楔，防止圆木滑落。两段圆木之间加上支撑，留出空隙，这样更有利于燃烧。这种篝火燃烧的时间较长，几乎无须调整。

第三节 寻找食物

一、寻找植物类食物

可食用植物是野外求生的人最容易找到的食物。但是世上的植物种类繁多，很难辨识哪些植物可以吃，而哪些植物不能吃。有些植物营养丰富，而有些植物有毒性，食用后会致人死亡。我们可以通过一些规律来判断植物是否可食用。可食用的植物：部分红色浆果类植物，几乎所有蓝色或黑色浆果类植物；茎部只结有一颗果实的植物。不可食用的植物：白色或黄色浆果类植物；任何带有乳白色奶状液汁的植物；野生的大豆、豌豆；对皮肤有刺激作用的植物；已经被昆虫咬过的植物等。

通过植物可食性试验(不适用于真菌类植物)，可以更准确地判断植物的可食性，应逐渐尝食植物，观测身体是否有不良反应，最终确定植物是否可以食用。主要步骤如下(做这个试验时一定要空腹)：

(1)首先切下植物的一小部分，将其放于手腕上来回揉搓后静候 15 分钟，观察皮肤有何反应；

(2)将植物的一小部分放于嘴唇外沿，观察有何反应；

(3)放一小片植物于口中，用舌头舔尝后静候 15 分钟，如无不良反应则将其充分咀嚼，再等 15 分钟以观察有何反应，如果没有任何不良反应，继续进行下面的步骤；

(4)吞咽一小块植物，看是否有不良反应(如果感觉难受，赶快吐出来，然后大量饮水)，如果无不良感觉，继续进行下面的步骤；

(5)吃少量的植物，再静等数小时，如果仍然没有不良反应，就可以确定这种植物可以食用。

也可以采取简单的方法鉴别野生植物是否能食用，即将植物割开一个小口子，放进一小撮盐，然后仔细观察是否变色，通常变色的植物不能食用。

我国地域辽阔，适合多种植物生长，其中能食用的就有 2 000 种左右。我国常见的可食野果有：山葡萄、笃斯、黑瞎子果、茅莓、沙棘、火把果、桃金娘、胡颓子、乌饭树、余甘子等，特别是野栗子、椰子、木瓜更容易识别，是应急求生的上好食物。常见的可食野菜有：苦菜、蒲公英、鱼腥草、马齿苋、刺儿草、荠菜、野苋菜、扫帚菜、菱、莲、芦苇、青苔等。野菜可生食、炒食、煮食或通过煮浸食用，如果加热野菜一定要小心，不要把几种野菜放在一起加热，因为几种野菜在一起加热的情况下很可能会发生化学变化，变成有毒食品。

二、寻找动物类食物

一般的动物类食物要经过烹调后才能食用。在野战生存中，士兵要学会各种捕猎方法，还要掌握一定的烹调技能，把捕到的猎物加工成熟食。用圈套、陷阱和弹射等方法时，动物和猎手之间要保持一段距离，这有利于求生者的安全。野外生存应极力避免的一点就是受伤，除非你有绝对的把握杀死猎物，否则千万不要近距离与猎物搏斗，因为那样做非常危险，有时就算是一只温顺的小山羊都能把你顶得鼻青脸肿。

一般可以用 4 种陷阱诱捕猎物，即绳套阱、平衡落木阱、尖刀桩落阱和罗网。

1. 绳套阱

这种陷阱比较适于捕捉兔子之类的动物。绳子、各种金属线都可以用来制作绳套。绳套要一端有眼，以便另一端从中穿过。一般陷阱设在猎物经常出没的地方，要把绳套紧紧拴在树桩、岩石或树上。绳套必须是活结，大小以能套住猎物的头为准。还可以用有弹性的幼树绷紧绳套，当猎物的头钻到绳套里面进行挣扎时会扳动机关，幼树就会弹起，将猎物吊离地面，便于捕获。

2. 平衡落木阱

这种陷阱是捕捉大型动物的理想工具，捕猎对象包括野猪和鹿类动物。一般要花费很长时间才能制作好一个平衡落木阱，它的构造如下：叉状棒两端削尖，保证触动灵敏。分叉的一根水平置于重物的下方，前端有适当的诱饵。竖直叉上端支撑着横木以维持重物的平衡，一般以圆木作为重物。动物扑向诱饵时会带动叉状棒，破坏支撑木的平衡。圆木会在瞬间落下来，砸中猎物，将其砸伤、砸死。

3. 尖刀桩落阱

在幼树一端绑上削尖的木桩，用扳机线把幼树拉弯固定。扳机线的一端隐藏于动物必经的路上，动物绊上扳机线后，幼树则被松开，尖刀桩在弹力作用下迅速刺向猎物，通常情况下，猎物即使不死也会身受重伤。

4. 罗网

罗网是最简单的一种陷阱，它主要用于捕鸟。可以把网布置在鸟经常出没的树间。

设置陷阱的原则：

(1)实用为先，任何陷阱都要以能捕捉到猎物为目的；

(2)隐藏踪迹，构建和处理陷阱时不要在周围留下自己明显的痕迹，诸如足印等，如果有条件，最好带一副手套，以免留下汗迹和气味；

(3)巧妙伪装，尽量不要改动陷阱周围的自然环境，要对陷阱加以伪装，越自然越好，与环境越协调越好。

除了猎杀大型动物外，还可以捕捉昆虫解决生存问题。目前，人们可食用的昆虫有：蜗牛、蚯蚓、蚂蚁、知了、蟑螂、蟋蟀、蝴蝶、蝗虫子、蚱蜢、湖蝇、蜘蛛、螳螂等。大多数人不习惯吃昆虫，甚至感到厌恶，但在万不得已的情况下，为维持生命，保持战斗力，继而完成任务，不妨一试。但是应注意，要煮熟或烤透，以免昆虫体内的寄生虫进入人体，导致中毒或生病。

三、野外煮食

1. 炭火烤食

植物的块根、鱼、鸟、淡水贻贝和其他许多食物，可以直接在炭火上烤制。在烤之前，可先裹上一层黏土或包上一层树叶，用这种方法绝不会烧坏食物。采用此方法既不用拔毛，也不用刮鱼类的鳞，到食物完全熟透后，只要剥去包在外面的泥，毛、鳞即可随泥脱去。

2. 篝火烤食

把野兽、鱼、鸟、植物根茎小块，穿在湿木棍或小树枝上，直接放在篝火上烤制。

3. 热石蒸食

这是古老的“蛤蚌烘蒸法”。方法是把带贝壳的食物直接放在烧热的石块上或石块中间烤(某些肉料要用树叶或草包起来)，再在上面盖一层沙子或泥土。等食物熟透后，扒开泥土，蛤蚌、牡蛎等物便打开了壳，即可食用。

4. 土坑烤食

先在泥地上挖一个30~40厘米深的坑，将肉块、鸟蛋、块根或贝类食物放在坑底，在坑内放上绿色植物的叶子、青草或能保持食物清洁的布。然后在小坑上盖一层2厘米厚的沙子或泥土，把火堆设在上面。但是不要把肉块放在树叶堆里烧，以免食物有烟熏味。

5. 瓦罐煮食

用泥土做一个瓦罐煮食物，内部衬一层箔，然后往里放干净的水和要煮的食物，再加入烧热的石块，直到水开了。用大绿叶盖上至少1小时，直到食物完全煮熟。

第四节　辨别方向

1. 利用指南针辨别方向

用指南针辨别方位是最快的方法。把指南针水平放置，等磁针静止后，标有“N”的一端所指的便是北方。这种方法虽然简单快捷，但需要注意两点：一是尽量保持水平；二是不要离磁性物质太近。

2. 利用直杆判定方向

在野外，可以将一根直杆（比如长一点的树枝）插在地面，使其与地面垂直，先把一块石子放在标杆影子的顶点 A 处；约十多分钟后，再把新的标杆影子顶点作为 B 处，再放一块石子。将 A、B 两处的石子连成一条直线，这条直线的指向就是东西方向（A 点在西方、B 点在东方）。与 AB 连线垂直的方向则是南北方向，向太阳的一端是南方。

3. 利用指针式手表判定方向

手表水平放置，中间立一支火柴棒。旋转手表，使火柴的影子与时针重叠，阴影与表面 12 点位置之间正中的方位即为北方。

4. 利用北极星判定方向

晚上没有太阳，可以通过北极星来判断。先找到好辨认的北斗七星（大熊星座）或 W 星（仙后星座），就可以很快找到北极星。

北斗七星是七颗较亮的星，形状像一把勺子。将勺口的两颗星连线，向勺子形状开口方向延伸约连线的五倍距离处，便是北极星。仙后星座由五颗较亮的星组成，形状像字母“W”，向字母开口方向延伸，大约在开口宽度的两倍距离处，就是北极星。

5. 其他辨别方法

可以利用各种地物特征，来判定方位，根据不同情况灵活运用。

（1）根据树枝生长的情形分辨：树木若吸收充分的阳光，枝叶自然生长茂密。由此可以得知，树叶茂密的部分即为南面。

（2）根据树叶生长的方向辨别：花草树木皆有向阳的特性，因此，叶面所朝的方向即为南面。

(3)根据树木的年轮辨别：如果周围有截断的大树干时，可借由年轮的情形加以分辨方向。年轮距离较宽的一方，即为阳光充足能使树木生长良好的南面。

(4)根据石头或树根的青苔辨别：利用青苔喜欢生长于潮湿地方的特性，找出背阳处，进而分辨出向阳的南面。

(5)根据山上树木生长的情形辨别：南坡的树木生长速度较北坡的树木快。依此原理可分辨出南北。

(6)根据民宅的坐向判断：山上的民宅多为坐北朝南的建筑，并且会在北边种植树木以防止寒冷的北风，依此原则也可判别出南北。

第五节 结 绳

1. 称人结

称人结是最基本的结法。

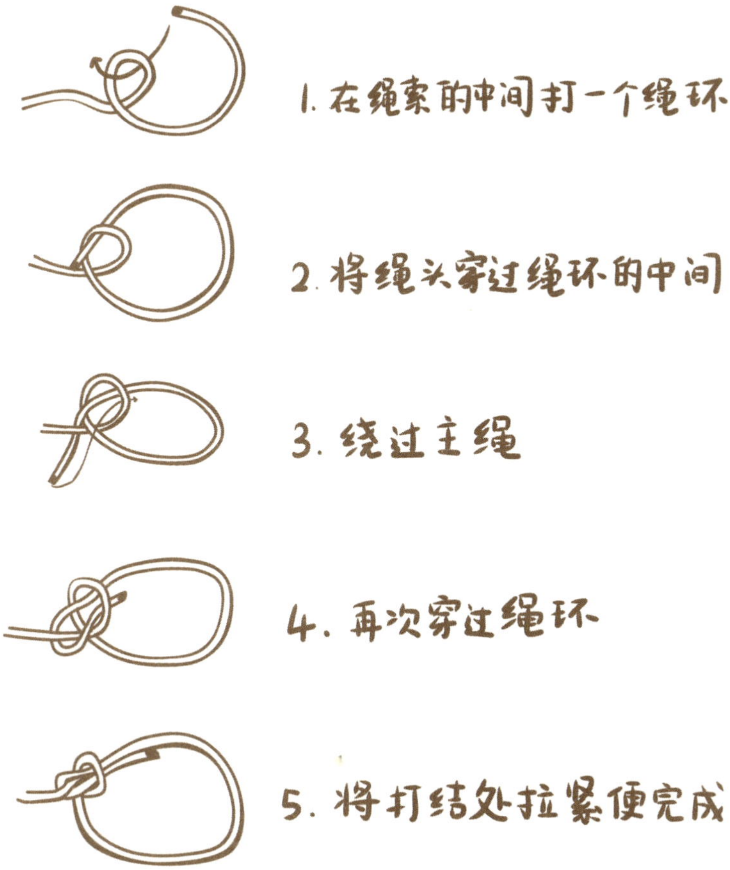

2. 接绳结

接绳结是连接两条绳索时所用，打法简单，拆解容易，可适用于质材粗细不同的绳索，安全可靠程度相当高。当两条绳索粗细不一时，打的时候必先固定粗绳，然后再与细绳相连。

打法：

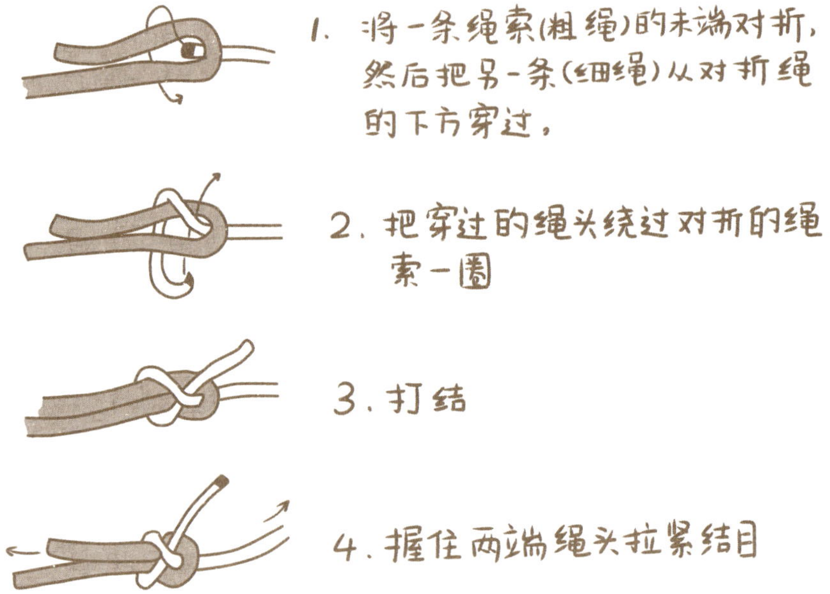

3. 双套结

双套结广泛地应用在将绳索绑系在物体上，它不但简单而且实用，也有人把它称为了香结、卷结，尤其在绳索两端使力均等时，双套结可以发挥很大的效果。如果绳索只有一端使力的话，那么只要在双套结完成后再打一个半扣结，效果一样很好。此外，如果打成双套滑结的话，解开时可以毫不费力。

打法 1：

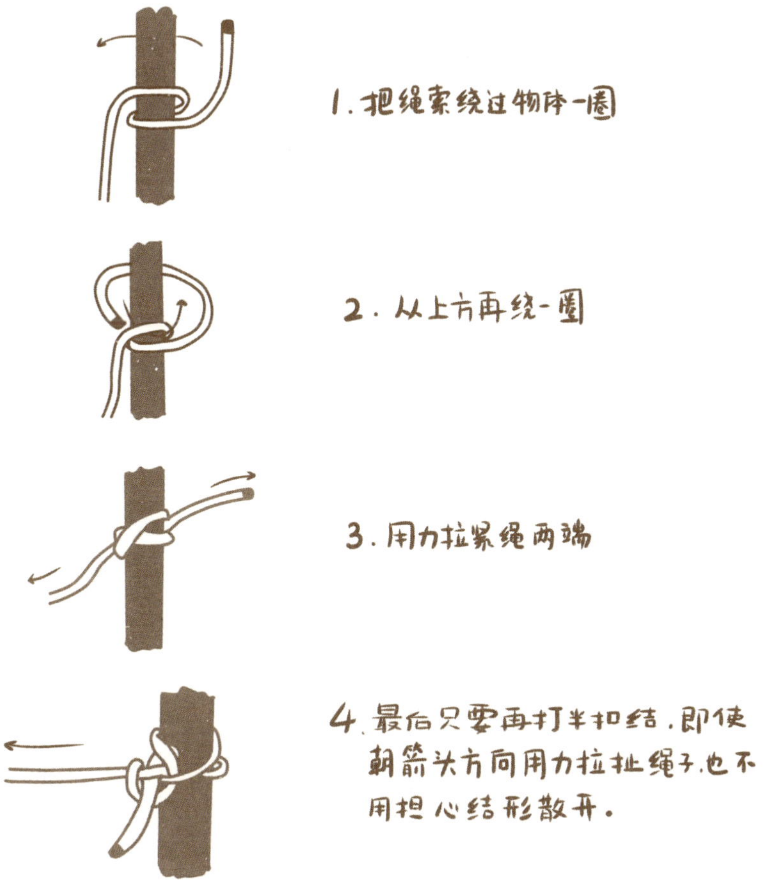

打法 2：做两个绳圈，将之重叠后套进物体上便完成双套结。要将绳环套住物体时，这个方法极快速又方便，而且可以从绳索的中间部分开始打结。

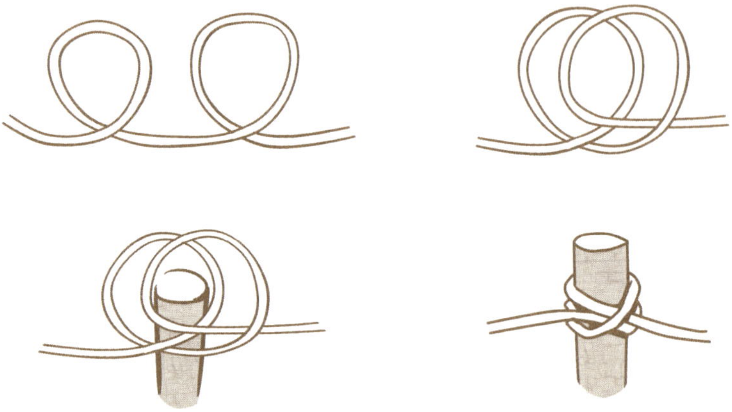

打法 3：在 *The Century Guide to Knot* 一书中所介绍的登山者在铁栓等圆状物体上系绑绳索的方法。当物体的位置处于横摆的状态，或者从下方使力时，可以应用这个打法完成卷结。如果只有一方承担负荷的话，那么最好还是加个半扣结比较保险。

第六节　发求救信号

一、通用远程求救信号表达方式

求救方式一：发出声响，三短三长三短(. . . _ _ _ . . .)摩尔斯电码。

求救方式二：灯光，如手电，三短三长三短(开关灯)。

其他求救方法如下：

1. 火

在黑暗中，火是最有效的求救信号。生三堆火，使之围成三角形(国际通用的受困信号)，或者排成直线，每堆火之间相距大约二三米。只要时间和形势允许，尽快把火堆生起来，小心看护不要使它们熄灭，直到你不需要它们。如果你是孤身一人，保持三堆火燃烧可能有点困难，那就保护好一堆火。

生信号火堆时，要考虑你的地理位置，例如，如果你在丛林中，那么找一片天然的空旷地或者在溪水边生火，以免火堆被丛林的树叶遮挡住。如果没有天然的空地，那么你需要清理出一片空地来。如果是在雪地中，你可能需要清理地面的积雪或者搭一个平台来生火，这样火才不会被融化的雪水浇灭。燃烧的树是另外一种吸引注意力的手段。含有树脂的树木即使是未干枯的也能点燃。相对于其他类型的树木，可以在较低的树枝上放一些干枯的木条，点燃干木条，这样火势向上烧，会点燃整棵树。在树未烧完前，砍一些未枯的小树添加到火里，可以产生更多的烟。一定要选择离其他树木很远的树，以免发生森林火灾，危及自身安全。

2. 烟

白天可以用烟来吸引注意力。国际通用的受困信号是三柱烟。你应该尽力使烟的颜色和周围的背景颜色有区别：如果背景是浅色的，那么使用黑烟，反之亦然。如果在火上加一些绿色的树叶、苔藓或者浇一点水，那么产生的烟会是白色的；如果往火里加一些橡胶、浸过油的碎布等，产生的烟会是黑色的。

在沙漠地区，烟无法升高，总是在地面盘桓，不过在空旷的沙漠地带，飞行员还是能看见。

用烟来做信号通常只适用于相对风和日丽的日子，大风、雨、雪都会将烟驱散，减小你被发现的可能性。

如果有烟雾手榴弹，可以使用它们，模式和用火一样。一定要保持手榴弹干燥，确保需要使用时它们有效，使用时注意不要点燃周围的植物。

3. 反光镜或闪光物

在晴朗的白天，镜子是最好的信号装置。如果没有镜子，可以磨光水杯、皮带扣或者其他类似物体，使之可以反射阳光。将反光集中于一处。现在就练习使用镜子或闪光物来发信号，不要等到需要使用时才练习。

4. 手电筒或闪光灯

晚上你可以使用手电筒或闪光灯向飞机发出 SOS 信号。使用频闪闪光灯时，小心不要让飞行员误认为是袭来的枪弹。频闪闪光灯一分钟闪光 60 次。有些频闪闪光灯有红外线外罩和镜头。

5. 衣服

将衣服放在地上或者放在树顶上也是一种发信号的方法。选择那些和周围颜色对比明显的物品，将它们排成规模巨大的几何图案，这样它们更容易吸引注意力。

6. 天然材料

如果没有其他方法，也可以利用天然材料来组成可以从空中看见的符号或信息。你可以堆一些可以投射阴影的土堆，或者可以利用任何类型的灌木、树叶、岩石或者雪块等。

在积雪覆盖的地区，可以使劲踩踏雪，踩出一些字母或符号之后，将一些可形成对比的材料，如树枝等，放入字母或符号中。

在沙地，用砾石、植物或者海草来组成图案。

在灌木丛生的地区，按照想要的图案将灌木砍掉，或者将地面烧焦。

在苔原地区，挖掘沟渠，或者将草皮翻过来。

不管在什么地区，都要用有对比的材料来布置符号，这样才能让飞机上的机组人员看到。

7. 车辆或飞机残骸

如果与抛锚的汽车或摔落的飞机在一起，则可以找到多种有用的信号源。

如果车辆或飞机还没有起火，则能找到燃料、汽油和可被燃烧的液体。轮胎以及绝缘品点上火后能产生浓烟。

二、施放信号地点

发出信号要充分考虑周围的地形。发出灯光信号要选择制高点，也可在山脊处竖立一个异乎寻常的物体，以吸引注意力。多在平坦的地面摆放求救标记。在通常的空中搜寻活动中，如果某一斜坡不可能被忽略，标记当然也可摆放在斜坡。

飞机在山区搜寻时，多从山脚出发飞向山脊，所以斜坡就可能隐在山脊后，飞机飞临时也很难察觉。如果心中没有把握，就把信号放至离山顶更近的地方，使救援飞机航行时无论从哪个角度都能发觉。

附　录

附录一　高等学校学生行为准则

教学[2005]5号

1. 志存高远，坚定信念

努力学习马克思列宁主义、毛泽东思想、邓小平理论和“三个代表”重要思想，面向世界，了解国情，确立在中国共产党领导下走社会主义道路、实现中华民族伟大复兴的共同理想和坚定信念，努力成为有理想、有道德、有文化、有纪律的社会主义新人。

2. 热爱祖国，服务人民

弘扬民族精神，维护国家利益和民族团结。不参与违反四项基本原则、影响国家统一和社会稳定的活动。培养同人民群众的深厚感情，正确处理国家、集体和个人三者利益关系，增强社会责任感，甘愿为祖国为人民奉献。

3. 勤奋学习，自强不息

追求真理，崇尚科学；刻苦钻研，严谨求实；积极实践，勇于创新；珍惜时间，学业有成。

4. 遵纪守法，弘扬正气

遵守宪法、法律法规，遵守校纪校规；正确行使权利，依法履行义务；敬廉崇洁，公道正派；敢于并善于同各种违法违纪行为作斗争。

5. 诚实守信，严于律己

履约践诺，知行统一；遵从学术规范，恪守学术道德，不作弊，不剽窃；自尊自爱，自省自律；文明使用互联网；自觉抵制黄、赌、毒等不良诱惑。

6. 明礼修身，团结友爱

弘扬传统美德，遵守社会公德，男女交往文明；关心集体，爱护公物，热心公益；尊敬师长，友爱同学，团结合作；仪表整洁，待人礼貌；豁达宽容，积极向上。

7. 勤俭节约，艰苦奋斗

热爱劳动，珍惜他人和社会劳动成果；生活俭朴，杜绝浪费；不追求超越自身和家庭实际的物质享受。

8. 强健体魄，热爱生活

积极参加文体活动，提高身体素质，保持心理健康；磨砺意志，不怕挫折，提高适应能力；增强安全意识，防止意外事故；关爱自然，爱护环境，珍惜资源。

附录二　普通高等学校学生管理规定

中华人民共和国教育部令第21号

第一章　总　则

第一条　为维护普通高等学校正常的教育教学秩序和生活秩序，保障学生身心健康，促进学生德、智、体、美全面发展，依据教育法、高等教育法以及其他有关法律、法规，制定本规定。

第二条　本规定适用于普通高等学校、承担研究生教育任务的科学研究机构（以下称高等学校或学校）对接受普通高等学历教育的研究生和本科、专科（高职）学生的管理。

第三条　高等学校要以培养人才为中心，按照国家教育方针，遵循教育规律，不断提高教育质量；要依法治校，从严管理，健全和完善管理制度，规范管理行为；要将管理与加强教育相结合，不断提高管理水平，努力培养社会主义合格建设者和可靠接班人。

第四条　高等学校学生应当努力学习马克思列宁主义、毛泽东思想、邓小平理论和“三个代表”重要思想，确立在中国共产党领导下走中国特色社会主义道路、实现中华民族伟大复兴的共同理想和坚定信念；应当树立爱国主义思想，具有团结统一、爱好和平、勤劳勇敢、自强不息的精神；应当遵守宪法、法律、法规，遵守公民道德规范，遵守《高等学校学生行为准则》，遵守学校管理制度，具有良好的道德品质和行为习惯；应当刻苦学习，勇于探索，积极实践，努力掌握现代科学文化知识和专业技能；应当积极锻炼身体，具有健康体魄。

第二章　学生的权利与义务

第五条　学生在校期间依法享有下列权利：

（一）参加学校教育教学计划安排的各项活动，使用学校提供的教育教学资源；

（二）参加社会服务、勤工助学，在校内组织、参加学生团体及文娱体育等活动；

（三）申请奖学金、助学金及助学贷款；

（四）在思想品德、学业成绩等方面获得公正评价，完成学校规定学业后获得相应的学历证书、学位证书；

（五）对学校给予的处分或者处理有异议，向学校、教育行政部门提出申诉；对学校、教职员工侵犯其人身权、财产权等合法权益，提出申诉或者依法提起诉讼；

（六）法律、法规规定的其他权利。

第六条 学生在校期间依法履行下列义务：

（一）遵守宪法、法律、法规；

（二）遵守学校管理制度；

（三）努力学习，完成规定学业；

（四）按规定缴纳学费及有关费用，履行获得贷学金及助学金的相应义务；

（五）遵守学生行为规范，尊敬师长，养成良好的思想品德和行为习惯；

（六）法律、法规规定的其他义务。

第三章 学籍管理

第一节 入学与注册

第七条 按国家招生规定录取的新生，持录取通知书，按学校有关要求和规定的期限到校办理入学手续。因故不能按期入学者，应当向学校请假。未请假或者请假逾期者，除因不可抗力等正当事由以外，视为放弃入学资格。

第八条 新生入学后，学校在三个月内按照国家招生规定对其进行复查。复查合格者予以注册，取得学籍。复查不合格者，由学校区别情况，予以处理，直至取消入学资格。

凡属弄虚作假、徇私舞弊取得学籍者，一经查实，学校应当取消其学籍。情节恶劣的，应当请有关部门查究。

第九条 对患有疾病的新生，经学校指定的二级甲等以上医院（下同）诊断不宜在校学习的，可以保留入学资格一年。保留入学资格者不具有学籍。在保留入学资格期内经治疗康复，可以向学校申请入学，由学校指定医院诊断，符合体检要求，经学校复查合格后，重新办理入学手续。复查不合格或者逾期不办理入学手续者，取消入学资格。

第十条 每学期开学时，学生应当按学校规定办理注册手续。不能如期注册者，应当履行暂缓注册手续。未按学校规定缴纳学费或者其他不符合注册条件的不予注册。

家庭经济困难的学生可以申请贷款或者其他形式资助，办理有关手续后注册。

第二节 考核与成绩记载

第十一条 学生应当参加学校教育教学计划规定的课程和各种教育教学环节(以下统称课程)的考核，考核成绩记入成绩册，并归入本人档案。

第十二条 考核分为考试和考查两种。考核和成绩评定方式，以及考核不合格的课程是否重修或者补考，由学校规定。

第十三条 学生思想品德的考核、鉴定，要以《高等学校学生行为准则》为主要依据，采取个人小结，师生民主评议等形式进行。

学生体育课的成绩应当根据考勤、课内教学和课外锻炼活动的情况综合评定。

第十四条 学生学期或者学年所修课程或者应修学分数以及升级、跳级、留级、降级、重修等要求，由学校规定。

第十五条 学生可以根据学校有关规定，申请辅修其他专业或者选修其他专业课程。

学生可以根据校际间协议跨校修读课程。在他校修读的课程成绩(学分)由本校审核后予以承认。

第十六条 学生严重违反考核纪律或者作弊的，该课程考核成绩记为无效，并由学校视其违纪或者作弊情节，给予批评教育和相应的纪律处分。给予警告、严重警告、记过及留校察看处分的，经教育表现较好，在毕业前对该课程可以给予补考或者重修机会。

第十七条 学生不能按时参加教育教学计划规定的活动，应当事先请假并获得批准。未经批准而缺席者，根据学校有关规定给予批评教育，情节严重的给予纪律处分。

第三节 转专业与转学

第十八条 学生可以按学校的规定申请转专业。学生转专业由所在学校批准。

学校根据社会对人才需求情况的发展变化，经学生同意，必要时可以适当调整学生所学专业。

第十九条 学生一般应当在被录取学校完成学业。如患病或者确有特殊困难，无法继续在本校学习的，可以申请转学。

第二十条 学生有下列情形之一，不得转学：

（一）入学未满一学期的；

（二）由招生时所在地的下一批次录取学校转入上一批次学校、由低学历层次转为高学历层次的；

（三）招生时确定为定向、委托培养的；

（四）应予退学的；

（五）其他无正当理由的。

第二十一条 学生转学，经两校同意，由转出学校报所在地省级教育行政部门确认转学理由正当，可以办理转学手续；跨省转学者由转出地省级教育行政部门商转入地省级教育行政部门，按转学条件确认后办理转学手续。须转户口的由转入地省级教育行政部门将有关文件抄送转入校所在地公安部门。

第四节 休学与复学

第二十二条 学生可以分阶段完成学业。学生在校最长年限（含休学）由学校规定。

第二十三条 学生申请休学或者学校认为应当休学者，由学校批准，可以休学。休学次数和期限由学校规定。

第二十四条 学生应征参加中国人民解放军（含中国人民武装警察部队），学校应当保留其学籍至退役后一年。

第二十五条 休学学生应当办理休学手续离校，学校保留其学籍。学生休学期间，不享受在校学习学生待遇。休学学生患病，其医疗费按学校规定处理。

第二十六条 学生休学期满，应当于学期开学前向学校提出复学申请，经学校复查合格，方可复学。

第五节 退 学

第二十七条 学生有下列情形之一，应予退学：

（一）学业成绩未达到学校要求或者在学校规定年限内（含休学）未完成学业的；

（二）休学期满，在学校规定期限内未提出复学申请或者申请复学经复查不合格的；

（三）经学校指定医院诊断，患有疾病或者意外伤残无法继续在校学习的；

（四）未请假离校连续两周未参加学校规定的教学活动的；

（五）超过学校规定期限未注册而又无正当事由的；

（六）本人申请退学的。

第二十八条 对学生的退学处理，由校长会议研究决定。

对退学的学生，由学校出具退学决定书并送交本人，同时报学校所在地省级教育行政部门备案。

第二十九条 退学的本专科学生，按学校规定期限办理退学手续离校，档案、户口退回其家庭户籍所在地。

退学的研究生，按已有毕业学历和就业政策可以就业的，由学校报所在地省级毕业生就业部门办理相关手续；在学校规定期限内没有聘用单位的，档案、户口退回其家庭户籍所在地。

第三十条 学生对退学处理有异议的，参照本规定第六十一条、第六十二条、第六十三条、第六十四条办理。

第六节 毕业、结业与肄业

第三十一条 学生在学校规定年限内，修完教育教学计划规定内容，德、智、体达到毕业要求，准予毕业，由学校发给毕业证书。

第三十二条 学生在学校规定年限内，修完教育教学计划规定内容，未达到毕业要求，准予结业，由学校发给结业证书。结业后是否可以补考、重修或者补作毕业设计、论文、答辩，以及是否颁发毕业证书，由学校规定。对合格后颁发的毕业证书，毕业时间按发证日期填写。

第三十三条 符合学位授予条件者，学位授予单位应当颁发学位证书。

第三十四条 学满一学年以上退学的学生，学校应当颁发肄业证书。

第三十五条 学校应当严格按照招生时确定的办学类型和学习形式，填写、颁发学历证书、学位证书。

第三十六条 学校应当执行高等教育学历证书电子注册管理制度，每年将颁发的毕（结）业证书信息报所在地省级教育行政部门注册，并由省级教育行政部门报国务院教育行政部门备案。

第三十七条 对完成本专业学业同时辅修其他专业并达到该专业辅修要求者，由学校发给辅修专业证书。

第三十八条 对违反国家招生规定入学者，学校不得发给学历证书、学位证书；已发的学历证书、学位证书，学校应当予以追回并报教育行政部门宣布证书无效。

第三十九条 毕业、结业、肄业证书和学位证书遗失或者损坏，经本人申请，学校核实后应当出具相应的证明书。证明书与原证书具有同等效力。

第四章 校园秩序与课外活动

第四十条 学校应当维护校园正常秩序，保障学生的正常学习和生活。

第四十一条 学校应当建立和完善学生参与民主管理的组织形式，支持和保障学生依法参与学校民主管理。

第四十二条 学生应当自觉遵守公民道德规范，自觉遵守学校管理制度，创造和维护文明、整洁、优美、安全的学习和生活环境。

学生不得有酗酒、打架斗殴、赌博、吸毒，传播、复制、贩卖非法书刊和音像制品等违反治安管理规定的行为；不得参与非法传销和进行邪教、封建迷信活动；不得从事或者参与有损大学生形象、有损社会公德的活动。

第四十三条 任何组织和个人不得在学校进行宗教活动。

第四十四条 学生可以在校内组织、参加学生团体。学生成立团体，应当按学校有关规定提出书面申请，报学校批准。

学生团体应当在宪法、法律、法规和学校管理制度范围内活动，接受学校的领导和管理。

第四十五条 学校提倡并支持学生及学生团体开展有益于身心健康的学术、科技、艺术、文娱、体育等活动。

学生进行课外活动不得影响学校正常的教育教学秩序和生活秩序。

第四十六条 学校应当鼓励、支持和指导学生参加社会实践、社会服务和开展勤工助学活动，并根据实际情况给予必要帮助。

学生参加勤工助学活动应当遵守法律、法规以及学校、用工单位的管理制度，履行勤工助学活动的有关协议。

第四十七条 学生举行大型集会、游行、示威等活动，应当按法律程序和有关规定获得批准。对未获批准的，学校应当依法劝阻或者制止。

第四十八条 学生使用计算机网络，应当遵循国家和学校关于网络使用的有关规定，不得登录非法网站、传播有害信息。

第四十九条 学校应当建立健全学生住宿管理制度。学生应当遵守学校关于学生住宿管理的规定。

第五章 奖励与处分

第五十条 学校、省(自治区、直辖市)和国家有关部门应当对在德、智、体、美等方面全面发展或者在思想品德、学业成绩、科技创造、锻炼身体及社会服务等方面表现突出的学生，给予表彰和奖励。

第五十一条 对学生的表彰和奖励可以采取授予“三好学生”称号或者其

他荣誉称号、颁发奖学金等多种形式，给予相应的精神鼓励或者物质奖励。

第五十二条 对有违法、违规、违纪行为的学生，学校应当给予批评教育或者纪律处分。

学校给予学生的纪律处分，应当与学生违法、违规、违纪行为的性质和过错的严重程度相适应。

第五十三条 纪律处分的种类分为：

（一）警告；

（二）严重警告；

（三）记过；

（四）留校察看；

（五）开除学籍。

第五十四条 学生有下列情形之一，学校可以给予开除学籍处分：

（一）违反宪法，反对四项基本原则、破坏安定团结、扰乱社会秩序的；

（二）触犯国家法律，构成刑事犯罪的；

（三）违反治安管理规定受到处罚，性质恶劣的；

（四）由他人代替考试、替他人参加考试、组织作弊、使用通讯设备作弊及其他作弊行为严重的；

（五）剽窃、抄袭他人研究成果，情节严重的；

（六）违反学校规定，严重影响学校教育教学秩序、生活秩序以及公共场所管理秩序，侵害其他个人、组织合法权益，造成严重后果的；

（七）屡次违反学校规定受到纪律处分，经教育不改的。

第五十五条 学校对学生的处分，应当做到程序正当、证据充分、依据明确、定性准确、处分适当。

第五十六条 学校在对学生作出处分决定之前，应当听取学生或者其代理人的陈述和申辩。

第五十七条 学校对学生作出开除学籍处分决定，应当由校长会议研究决定。

第五十八条 学校对学生作出处分，应当出具处分决定书，送交本人。开除学籍的处分决定书报学校所在地省级教育行政部门备案。

第五十九条 学校对学生作出的处分决定书应当包括处分和处分事实、理由及依据，并告知学生可以提出申诉及申诉的期限。

第六十条 学校应当成立学生申诉处理委员会，受理学生对取消入学资格、退学处理或者违规、违纪处分的申诉。

学生申诉处理委员会应当由学校负责人、职能部门负责人、教师代表、学生代表组成。

第六十一条 学生对处分决定有异议的，在接到学校处分决定书之日起5个工作日内，可以向学校学生申诉处理委员会提出书面申诉。

第六十二条 学生申诉处理委员会对学生提出的申诉进行复查，并在接到书面申诉之日起15个工作日内，作出复查结论并告知申诉人。需要改变原处分决定的，由学生申诉处理委员会提交学校重新研究决定。

第六十三条 学生对复查决定有异议的，在接到学校复查决定书之日起15个工作日内，可以向学校所在地省级教育行政部门提出书面申诉。

省级教育行政部门在接到学生书面申诉之日起30个工作日内，应当对申诉人的问题给予处理并答复。

第六十四条 从处分决定或者复查决定送交之日起，学生在申诉期内未提出申诉的，学校或者省级教育行政部门不再受理其提出的申诉。

第六十五条 被开除学籍的学生，由学校发给学习证明。学生按学校规定期限离校，档案、户口退回其家庭户籍所在地。

第六十六条 对学生的奖励、处分材料，学校应当真实完整地归入学校文书档案和本人档案。

第六章 附 则

第六十七条 对接受成人高等学历教育的学生、港澳台侨学生、留学生的管理参照本规定实施。

第六十八条 高等学校应当根据本规定制定或修改学校的学生管理规定，报主管教育行政部门备案（中央部委属校同时抄报所在地省级教育行政部门），并及时向学生公布。

省级教育行政部门根据本规定，指导、检查和督促本地区高等学校实施学生管理。

第六十九条 本规定自2005年9月1日起施行。原国家教育委员会发布的《普通高等学校学生管理规定》（国家教育委员会令第7号）、《研究生学籍管理规定》（教学［1995］4号）同时废止。其他有关文件规定与本规定不一致的，以本规定为准。

附录三　学生伤害事故处理办法

中华人民共和国教育部令第 12 号

第一章　总则

第一条　为积极预防、妥善处理在校学生伤害事故，保护学生、学校的合法权益，根据《中华人民共和国教育法》《中华人民共和国未成年人保护法》和其他相关法律、行政法规及有关规定，制定本办法。

第二条　在学校实施的教育教学活动或者学校组织的校外活动中，以及在学校负有管理责任的校舍、场地、其他教育教学设施、生活设施内发生的，造成在校学生人身损害后果的事故的处理，适用本办法。

第三条　学生伤害事故应当遵循依法、客观公正、合理适当的原则，及时、妥善地处理。

第四条　学校的举办者应当提供符合安全标准的校舍、场地、其他教育教学设施和生活设施。

教育行政部门应当加强学校安全工作，指导学校落实预防学生伤害事故的措施，指导、协助学校妥善处理学生伤害事故，维护学校正常的教育教学秩序。

第五条　学校应当对在校学生进行必要的安全教育和自护自救教育；应当按照规定，建立健全安全制度，采取相应的管理措施，预防和消除教育教学环境中存在的安全隐患；当发生伤害事故时，应当及时采取措施救助受伤害学生。

学校对学生进行安全教育、管理和保护，应当针对学生年龄、认知能力和法律行为能力的不同，采用相应的内容和预防措施。

第六条　学生应当遵守学校的规章制度和纪律；在不同的受教育阶段，应当根据自身的年龄、认知能力和法律行为能力，避免和消除相应的危险。

第七条　未成年学生的父母或者其他监护人（以下称为监护人）应当依法履行监护职责，配合学校对学生进行安全教育、管理和保护工作。

学校对未成年学生不承担监护职责，但法律有规定的或者学校依法接受委托承担相应监护职责的情形除外。

第二章　事故与责任

第八条　发生学生伤害事故，造成学生人身损害的，学校应当按照《中华人民共和国侵权责任法》及相关法律、法规的规定，承担相应的事故责任。

第九条　因下列情形之一造成的学生伤害事故，学校应当依法承担相应的责任：

（一）学校的校舍、场地、其他公共设施，以及学校提供给学生使用的学具、教育教学和生活设施、设备不符合国家规定的标准，或者有明显不安全因素的；

（二）学校的安全保卫、消防、设施设备管理等安全管理制度有明显疏漏，或者管理混乱，存在重大安全隐患，而未及时采取措施的；

（三）学校向学生提供的药品、食品、饮用水等不符合国家或者行业的有关标准、要求的；

（四）学校组织学生参加教育教学活动或者校外活动，未对学生进行相应的安全教育，并未在可预见的范围内采取必要的安全措施的；

（五）学校知道教师或者其他工作人员患有不适宜担任教育教学工作的疾病，但未采取必要措施的；

（六）学校违反有关规定，组织或者安排未成年学生从事不宜未成年人参加的劳动、体育运动或者其他活动的；

（七）学生有特异体质或者特定疾病，不宜参加某种教育教学活动，学校知道或者应当知道，但未予以必要的注意的；

（八）学生在校期间突发疾病或者受到伤害，学校发现，但未根据实际情况及时采取相应措施，导致不良后果加重的；

（九）学校教师或者其他工作人员体罚或者变相体罚学生，或者在履行职责过程中违反工作要求、操作规程、职业道德或者其他有关规定的；

（十）学校教师或者其他工作人员在负有组织、管理未成年学生的职责期间，发现学生行为具有危险性，但未进行必要的管理、告诫或者制止的；

（十一）对未成年学生擅自离校等与学生人身安全直接相关的信息，学校发现或者知道，但未及时告知未成年学生的监护人，导致未成年学生因脱离监护人的保护而发生伤害的；

（十二）学校有未依法履行职责的其他情形的。

第十条　学生或者未成年学生监护人由于过错，有下列情形之一，造成学生伤害事故，应当依法承担相应的责任：

（一）学生违反法律法规的规定，违反社会公共行为准则、学校的规章制度或者纪律，实施按其年龄和认知能力应当知道具有危险或者可能危及他人的行为的；

（二）学生行为具有危险性，学校、教师已经告诫、纠正，但学生不听劝阻、拒不改正的；

（三）学生或者其监护人知道学生有特异体质，或者患有特定疾病，但未告知学校的；

（四）未成年学生的身体状况、行为、情绪等有异常情况，监护人知道或者已被学校告知，但未履行相应监护职责的；

（五）学生或者未成年学生监护人有其他过错的。

第十一条 学校安排学生参加活动，因提供场地、设备、交通工具、食品及其他消费与服务的经营者，或者学校以外的活动组织者的过错造成的学生伤害事故，有过错的当事人应当依法承担相应的责任。

第十二条 因下列情形之一造成的学生伤害事故，学校已履行了相应职责，行为并无不当的，无法律责任：

（一）地震、雷击、台风、洪水等不可抗的自然因素造成的；

（二）来自学校外部的突发性、偶发性侵害造成的；

（三）学生有特异体质、特定疾病或者异常心理状态，学校不知道或者难于知道的；

（四）学生自杀、自伤的；

（五）在对抗性或者具有风险性的体育竞赛活动中发生意外伤害的；

（六）其他意外因素造成的。

第十三条 下列情形下发生的造成学生人身损害后果的事故，学校行为并无不当的，不承担事故责任；事故责任应当按有关法律法规或者其他有关规定认定：

（一）在学生自行上学、放学、返校、离校途中发生的；

（二）在学生自行外出或者擅自离校期间发生的；

（三）在放学后、节假日或者假期等学校工作时间以外，学生自行滞留学校或者自行到校发生的；

（四）其他在学校管理职责范围外发生的。

第十四条 因学校教师或者其他工作人员与其职务无关的个人行为，或者因学生、教师及其他个人故意实施的违法犯罪行为，造成学生人身损害的，由致害人依法承担相应的责任。

第三章　事故处理程序

第十五条　发生学生伤害事故，学校应当及时救助受伤害学生，并应当及时告知未成年学生的监护人；有条件的，应当采取紧急救援等方式救助。

第十六条　发生学生伤害事故，情形严重的，学校应当及时向主管教育行政部门及有关部门报告；属于重大伤亡事故的，教育行政部门应当按照有关规定及时向同级人民政府和上一级教育行政部门报告。

第十七条　学校的主管教育行政部门应学校要求或者认为必要，可以指导、协助学校进行事故的处理工作，尽快恢复学校正常的教育教学秩序。

第十八条　发生学生伤害事故，学校与受伤害学生或者学生家长可以通过协商方式解决；双方自愿，可以书面请求主管教育行政部门进行调解。成年学生或者未成年学生的监护人也可以依法直接提起诉讼。

第十九条　教育行政部门收到调解申请，认为必要的，可以指定专门人员进行调解，并应当在受理申请之日起60日内完成调解。

第二十条　经教育行政部门调解，双方就事故处理达成一致意见的，应当在调解人员的见证下签订调解协议，结束调解；在调解期限内，双方不能达成一致意见，或者调解过程中一方提起诉讼，人民法院已经受理的，应当终止调解。调解结束或者终止，教育行政部门应当书面通知当事人。

第二十一条　对经调解达成的协议，一方当事人不履行或者反悔的，双方可以依法提起诉讼。

第二十二条　事故处理结束，学校应当将事故处理结果书面报告主管的教育行政部门；重大伤亡事故的处理结果，学校主管的教育行政部门应当向同级人民政府和上一级教育行政部门报告。

第四章　事故损害的赔偿

第二十三条　对发生学生伤害事故负有责任的组织或者个人，应当按照法律法规的有关规定，承担相应的损害赔偿责任。

第二十四条　学生伤害事故赔偿的范围与标准，按照有关行政法规、地方性法规或者最高人民法院司法解释中的有关规定确定。

教育行政部门进行调解时，认为学校有责任的，可以依照有关法律法规及国家有关规定，提出相应的调解方案。

第二十五条　对受伤害学生的伤残程度存在争议的，可以委托当地具有相应鉴定资格的医院或者有关机构，依据国家规定的人体伤残标准进行鉴定。

第二十六条 学校对学生伤害事故负有责任的，根据责任大小，适当予以经济赔偿，但不承担解决户口、住房、就业等与救助受伤害学生、赔偿相应经济损失无直接关系的其他事项。

学校无责任的，如果有条件，可以根据实际情况，本着自愿和可能的原则，对受伤害学生给予适当的帮助。

第二十七条 因学校教师或者其他工作人员在履行职务中的故意或者重大过失造成的学生伤害事故，学校予以赔偿后，可以向有关责任人员追偿。

第二十八条 未成年学生对学生伤害事故负有责任的，由其监护人依法承担相应的赔偿责任。

学生的行为侵害学校教师及其他工作人员以及其他组织、个人的合法权益，造成损失的，成年学生或者未成年学生的监护人应当依法予以赔偿。

第二十九条 根据双方达成的协议、经调解形成的协议或者人民法院的生效判决，应当由学校负担的赔偿金，学校应当负责筹措；学校无力完全筹措的，由学校的主管部门或者举办者协助筹措。

第三十条 县级以上人民政府教育行政部门或者学校举办者有条件的，可以通过设立学生伤害赔偿准备金等多种形式，依法筹措伤害赔偿金。

第三十一条 学校有条件的，应当依据保险法的有关规定，参加学校责任保险。

教育行政部门可以根据实际情况，鼓励中小学参加学校责任保险。

提倡学生自愿参加意外伤害保险。在尊重学生意愿的前提下，学校可以为学生参加意外伤害保险创造便利条件，但不得从中收取任何费用。

第五章　事故责任者的处理

第三十二条 发生学生伤害事故，学校负有责任且情节严重的，教育行政部门应当根据有关规定，对学校的直接负责的主管人员和其他直接责任人员，分别给予相应的行政处分；有关责任人的行为触犯刑律的，应当移送司法机关依法追究刑事责任。

第三十三条 学校管理混乱，存在重大安全隐患的，主管的教育行政部门或者其他有关部门应当责令其限期整改；对情节严重或者拒不改正的，应当依据法律法规的有关规定，给予相应的行政处罚。

第三十四条 教育行政部门未履行相应职责，对学生伤害事故的发生负有责任的，由有关部门对直接负责的主管人员和其他直接责任人员分别给予相应的行政处分；有关责任人的行为触犯刑律的，应当移送司法机关依法追究刑事责任。

第三十五条 违反学校纪律，对造成学生伤害事故负有责任的学生，学校可以给予相应的处分；触犯刑律的，由司法机关依法追究刑事责任。

第三十六条 受伤害学生的监护人、亲属或者其他有关人员，在事故处理过程中无理取闹，扰乱学校正常教育教学秩序，或者侵犯学校、学校教师或者其他工作人员的合法权益的，学校应当报告公安机关依法处理；造成损失的，可以依法要求赔偿。

第六章 附则

第三十七条 本办法所称学校，是指国家或者社会力量举办的全日制的中小学(含特殊教育学校)、各类中等职业学校、高等学校。本办法所称学生是指在上述学校中全日制就读的受教育者。

第三十八条 幼儿园发生的幼儿伤害事故，应当根据幼儿为完全无行为能力人的特点，参照本办法处理。

第三十九条 其他教育机构发生的学生伤害事故，参照本办法处理。

在学校注册的其他受教育者在学校管理范围内发生的伤害事故，参照本办法处理。

第四十条 本办法自2002年9月1日起实施，原国家教委、教育部颁布的与学生人身安全事故处理有关的规定，与本办法不符的，以本办法为准。

在本办法实施之前已处理完毕的学生伤害事故不再重新处理。

附录四　高等学校校园秩序管理若干规定

国家教育委员会令第13号

第一条　为了优化育人环境，加强高等学校校园管理，维护教学、科研、生活秩序和安定团结的局面，建立有利于培养社会主义现代化建设专门人才的校园秩序，制定本规定。

第二条　本规定所称的高等学校（以下简称“学校”）是指全日制普通高等学校和成人高等学校。

本规定所称的师生员工是指学校的教师（包括外籍教师）、学生（包括外国在华留学生）、教育教学辅助人员、管理人员和工勤人员。

第三条　学校的师生员工以及其他到学校活动的人员都应遵守本规定，维护宪法确立的根本制度和国家利益，维护学校的教学、科研秩序和生活秩序。

学校应当加强校园管理，采取措施，及时有效地预防和制止校园内的违反法律、法规、校规的活动。

第四条　学校应当尊重和维护师生员工的人身权利，不依照法律，不得限制、剥夺师生员工的权利。

第五条　进入学校的人员，必须持有本校的学生证、工作证、听课证或者学校颁发的其他进入学校的证章、证件。

未持有前款规定的证章、证件的国内人员进入学校，应当向门卫登记后进入学校。

第六条　国内新闻记者进入学校采访，必须持有记者证和采访介绍信，在通知学校有关机构后，方可进入学校采访。

外国新闻记者和港澳新闻记者进入学校采访，必须持有学校所在省、自治区、直辖市人民政府外事机关或港澳台办的介绍信和记者证，并在进校采访前与学校外事机构联系，经许可方可进入学校采访。

第七条　外国人、港澳台人员进入学校进行公务、业务活动，应当经过省、自治区、直辖市或者国务院有关部门同意并告知学校后，方可进入学校。

自行要求进入学校的外国人、港澳台人员、应当在学校外事机构或港澳台办批准后进入学校。

第八条 依照本规定第五条、第六条、第七条的规定进入学校的人员，应当遵守法律、法规、规章和学校制度，不得从事与其身份不符的活动，不得危害校园治安。

对违反本规定的第五条、第六条、第七条和本条前款规定的人员，师生员工有权向学校保卫机构报告，学校保卫机构可以要求其说明情况或者责令其离开学校。

第九条 学生一般不得在学生宿舍留宿校外人员，遇有特殊情况留宿校外人员，应当报请学校有关机构许可，并且进行留宿登记，留宿人离校应注销登记。不得在学生宿舍内留宿异性。

违反前款规定的，学校保卫机构可以责令留宿人离开学生宿舍。

第十条 告示、通知、启事、广告等，应当张贴在学校指定或者许可的地点。散发宣传品、印刷品经过学校有关机构同意。

对于张贴、散发反对我国宪法确立的根本制度、损害国家利益或者侮辱诽谤他人的公开张贴物、宣传品和印刷品的当事者，由司法机关依法追究其法律责任。

第十一条 在校园设置临时或者永久建筑物以及安装音响、广播、电视设施，设置者、安装者应当报请学校有关机构审批，未经批准不得擅自设置、安装。

师生员工或者有关团体、组织使用学校的广播、电视设施，必须报请学校有关机构批准，禁止任何组织或者个人擅自使用学校广播、电视设施。

在校内举行文化娱乐活动，不得干扰学校的教学、科研和生活秩序。

违反第一款、第二款、第三款规定的，学校有关机构可以劝其停止设置、安装或者停止活动，已经设置、安装的，学校有关机构可以拆除，或者责令设置者、安装者拆除。

第十二条 在校内举行集会、讲演等公共活动，组织者必须在七十二小时前向学校有关机构提出申请，申请中应当说明活动的目的、人数、时间、地点和负责人的姓名。学校有关机构应当至迟在举行时间的四小时前将许可或者不许可的决定通知组织者。逾期未通知的，视为许可。

集会、讲演等应符合我国的教育方针和相应的法规、规章，不得反对我国宪法确立的根本制度，不得干扰学校的教学、科研和生活秩序，不得损害国家财产和其他公民的权利。

第十三条 在校内组织讲座、报告等室内活动，组织者应当在七十二小时前向学校有关机构提出申请，申请应当说明活动内容、报告人和负责人姓名。学校有关机构应当至迟在举行时间的四小时前将许可或者不许可的决定通知组织者。逾期未通知的，视为许可。

讲座、报告等不得反对我国宪法确立的根本制度，不得违反我国的教育方针，不得宣传封建迷信，不得进行宗教活动，不得干扰学校的教学、科研和生活秩序。

第十四条 师生员工应当严格按照学校的安排进行教学、科研、生活和其他活动，任何人都不得破坏学校的教学、科研和生活秩序，不得阻止他人根据学校的安排进行教学、科研、生活和其他活动。

禁止师生员工赌博、酗酒、打架斗殴以及其他干扰学校的教学、科研和生活秩序的行为。

第十五条 师生员工组织社会团体，应当按照《社会团体登记管理条例》的规定办理。成立校内非社会团体的组织，应当成立前由其组织者报请学校有关机构批准，未经批准不得成立和开展活动。

校内非社会团体的组织和校内报刊必须遵守法律、法规、规章，贯彻我国的教育方针和遵守学校的制度，接受学校的管理，不得进行超出其宗旨的活动。

第十六条 违反本规定第十二条、第十三条、第十四条和第十五条的规定的，学校有关机构可以责令其组织者以及其他当事人立即停止活动。

违反本规定第十二条第二款的规定，损害国家财产的，学校有关机构可以责令其赔偿损失。

第十七条 禁止无照人员在校园内经商。设在校园的商业网点必须指定地点经营。

违反前款规定的，学校有关机构可责令其停止经商活动或者离开校园。

第十八条 对违反本规定，经过劝告、制止仍不改正的师生员工，学校可视情节给予行政处分或者纪律处分；属于违反治安管理行为的，由公安机关依法处理；情节严重构成犯罪的，由司法机关处理。

师生员工对学校的处分不服的，可以向有关教育行政部门提出申诉，教育行政部门应当在接到申诉的三十日内作出处理决定。

对违反规定，经劝告、制止仍不改正的校外人员，由公安司法机关根据情节依法处理。

第十九条 各高等学校可根据本规定制定具体管理制度。

第二十条 本规定自发布之日起施行。

附录五　教育部 公安部关于加强学校消防安全工作的通知

教发[2004]10 号

2000 年以来，全国学校（含幼儿园）共发生火灾 3700 余起，死亡 44 人，受伤 79 人，直接财产损失 2200 余万元。对此，党中央、国务院高度重视，要求切实加强学校的消防安全工作。教育部和公安部多次组织消防安全的治理和检查，各级教育行政部门和学校积极开展自查自改，消除了一批火灾隐患，取得了一定成效，学校的消防安全状况逐步得到改善。但是一些学校仍存在不少火灾隐患，有些问题还比较普遍，部分学校依然存在重视不够、管理不严、制度不够健全、措施不够到位的问题，尤其是一些学校存在私拉乱接电线、违章用火用电、堵塞疏散通道和锁闭安全出口等现象，一旦发生火灾，极易造成群死群伤的严重后果。为认真吸取 1994 年新疆克拉玛依友谊馆火灾和去年俄罗斯莫斯科友谊大学学生宿舍火灾的惨痛教训，进一步加强学校的消防安全工作，预防和遏制重特大火灾事故的发生，现将有关要求通知如下：

一、提高认识，切实加强消防安全工作的领导

各级教育行政部门和各级各类学校要充分认识安全工作的重要性和紧迫性，学校安全工作直接关系到青少年学生的健康成长和社会稳定，做好学校消防安全工作是各级政府职能部门和学校的基本责任，是对国家、对社会、对人民应尽的义务，是实践“三个代表”重要思想的具体体现。要切实加强消防安全工作的领导，把学校的消防安全工作作为一项重要的管理内容列入议事日程，主要领导亲自抓，分管领导具体抓；要进一步强化教育行政部门和学校消防安全主体意识，明确单位负责人对本单位的消防安全工作负总责的责任，建立并落实消防安全自我管理、自我检查、自我整改机制。

二、制定消防安全管理制度，落实消防安全责任制

学校及幼儿园、托儿所要按照公安部《机关、团体、企业、事业单位消防安全管理规定》（公安部第 61 号令）的要求和教育部去年召开的学校安全工作会议精神，下大力气加强消防安全管理工作，建立健全各项消防安全管理制度和操作规程。建立消防安全教育、培训、防火巡查和防火检查制度；加强安全疏散设施、消防设施、器材的维护管理；严格制定用火用电安全、火灾隐患整改、易燃易爆危险物品使用制度和灭火、应急疏散预案。同时建立健全逐级消防安全责任制。明确各系、部、年级、班的消防安全责任人，做到职责明确，责任到人，严格考评，奖惩兑现。

三、组织开展消防安全检查治理，及时消除火灾隐患

各级教育行政部门要组织本地区各级各类学校及幼儿园、托儿所等单位，要以学生宿舍（包括校外学生公寓）、学校校园内教职工宿舍、食堂、实验室、教室、图书馆、会议室等人群集中场所为重点开展消防安全检查，督促整改火灾隐患。一是电器产品的安装、使用和线路的敷设必须符合国家有关电气安全技术规定的要求，拆除私拉乱接的电气线路。二是严格规范用火、用电、用气等消防安全管理，纠正学生在宿舍内使用电炉、液化气罐等违章行为。三是清理学校人员集中场所内封堵和占用疏散通道上的杂物，拆除疏散通道和安全出口设置的障碍物，保持畅通。四是拆除在学生宿舍外窗安装的影响安全疏散和应急救援的栅栏。五是学校图书馆、学生宿舍、公寓应设置火灾事故应急照明和应急广播系统，损坏的要立即修复，确保有效使用。六是学校要利用暑假假期对学生宿舍电线、电话线、网络线进行改造，根据宿舍学生人数每人配备适当的固定插座，方便学生使用。有条件的学校，可以在宿舍中指定规定的区域，配备大理石等阻燃桌面，集中使用电器，减少或防止因使用伪劣电器等引发火灾。

四、加强消防安全教育，提高学生安全意识及自防自救能力

在学校对学生及全体教职员工开展消防安全教育，对提高国民整体消防安全素质具有重要的战略意义。要组织编写消防教材，把消防安全教育纳入学校教育教学内容。要分期分批组织学生参观消防防灾教育馆、消防站，组织学生进行逃生疏散演练，组织开展消防运动会、消防征文、消防演讲会、消防辩论会等活动，提高学生的消防安全意识和自防自救能力。

各级公安机关特别是公安消防部门，要继续把学校的消防安全整治工作作为人员密集场所专项治理重要内容，协同教育行政部门督促学校搞好自查自改。请各地教育行政主管部门将此通知转发至属地各级各类学校。

附录六　教育部办公厅　中国银监会办公厅关于加强校园不良网络借贷风险防范和教育引导工作的通知

教思政厅函[2016]15号

各省、自治区、直辖市党委教育工作部门、教育厅(教委)，各银监局，新疆生产建设兵团教育局，部属各高等学校党委：

随着网络借贷的快速发展，一些P2P网络借贷平台不断向高校拓展业务，部分不良网络借贷平台采取虚假宣传的方式和降低贷款门槛、隐瞒实际资费标准等手段，诱导学生过度消费，甚至陷入“高利贷”陷阱，侵犯学生合法权益，造成不良影响。为加强对校园不良网络借贷平台的监管和整治，教育和引导学生树立正确的消费观念，现就有关事项通知如下：

一、加大不良网络借贷监管力度。建立校园不良网络借贷日常监测机制。高校宣传、财务、网络、保卫等部门和地方人民政府金融监管部门、各银监局等部门要密切关注网络借贷业务在校园内拓展情况，高校辅导员、班主任、学生骨干队伍要密切关注学生异常消费行为，及时发现学生在消费中存在的问题。地方金融办(局)要对网络借贷信息中介机构开展虚假片面宣传或促销活动、误导出借人或借款人的行为进行密切跟踪，针对网络借贷信息中介机构向不具备还款能力的大学生群体开展营销宣传活动、对借款人资格审查失职失当等行为加强监管和风险提示。建立校园不良网络借贷实时预警机制。及时发现校园不良网络借贷苗头性、倾向性、普遍性问题，及时分析评估校园不良网络借贷潜在的风险，及时以电话、短信、网络、橱窗、校园广播等多种形式向学生发布预警提示信息。建立校园不良网络借贷应对处置机制。制定完善各项应对处置预案，对侵犯学生合法权益、存在安全风险隐患、未经学校批准在校园内宣传推广信贷业务的不良网络借贷平台和个人，第一时间报请地方人民政府金融监管部门、各银监局、公安、网信、工信等部门依法处置。

二、加大学生消费观教育力度。教育引导学生树立文明的消费观。加强社会主义核心价值观学习教育，深入开展“三爱”“三节”等主题教育活动，培养选树勤俭节约、自立自强方面的先进典型，营造崇尚节约的校园文化环境，帮助学生养成文明、健康的消费习惯。教育引导学生树立理性的消费观。关心关注学生消费心理，纠正学生超前消费、过度消费和从众消费等错误观念。在生活消费、人际消费、娱乐消费等方面，教育学生不盲从、不攀比、不炫耀，引导学生合理消费、理性消费、适度消费。教育引导学生树立科学的消费观。帮助学生科学制定消费计划，结合实际，量入为出。加强与家长的沟通与联系，合理支持、适当控制学生的消费支出。鼓励学生利用业余时间开展勤工俭学，通过诚实合法劳动创造财富，培养节俭自立意识。

三、加大金融、网络安全知识普及力度。大力普及金融、网络安全知识。通过开设金融学、网络安全学等相关公共基础课或选修课，邀请金融机构、监管机构、网信安全等部门专业人员在校内开展金融、网络安全知识普及教育，帮助学生了解金融行业发展前沿动态，掌握逾期滞纳金、违约金、单利与复利等基本金融常识。切实增强学生金融、网络安全防范意识。利用校园网站、微信平台、校园广播等多种渠道向学生推送校园不良网络借贷典型案例。在重要节庆日、购物狂欢日等时间节点，开展金融、网络安全宣讲活动，强化学生对网络借贷风险的理解和认识，帮助学生增强金融、网络安全防范意识。帮助学生提升金融理财实践能力。加强与银监、公安等政府部门和银行、证券等金融机构的合作，积极开展调查研究、志愿服务等社会实践活动，帮助学生增强对有害网络借贷业务甄别、抵制能力。鼓励和支持金融理财类学生社团建设，举办模拟投资大赛等活动，提高学生金融理财实践能力。

四、加大学生资助信贷体系建设力度。加强对学生资助工作的科学管理和制度支撑，切实提高学生资助工作水平，保障国家各项资助政策落到实处，满足家庭经济困难学生学费、生活费等保障性需求。充分挖掘校内外资源，筹集专项基金，作为国家资助政策体系的有益补充，建立健全既有共性需求、又能体现个体差异的资助模式，满足学生拓展学习、创新创业等发展性需求。与金融机构合作，积极探索建设和发展校园社区银行，为学生提供渠道畅通、手续便捷、利率合理的金融借贷服务，满足学生临时性需求。

各地各高校要按照通知要求，加强组织领导，抓好工作统筹，做好本地本校工作分层对接和具体落实，及时将工作中发现的问题和相关经验做法报送教育部、中国银监会。

教育部办公厅
中国银行业监督管理委员会办公厅
2016 年 4 月 13 日

附录七　教育部、公安部关于加强高校学生管理禁止学生参与非法传销活动的紧急通知

教学[2004]8 号

各省、自治区、直辖市教育厅(教委)、公安厅(局)、教育部直属高等学校:

近期，一些地区非法传销活动猖獗，并且向高校渗透发展，一些高等学校学生在实习或求职时上当受骗。3 月 15 日，湖北省教育厅报告，该省近 30 所高校几十名学生在重庆实习期间，不法分子以高回报和“参与创业”为诱饵，采取洗脑、上课、谈心、感情交流等方式，骗取他们高额传销费并诱使其参与非法传销化妆品。3 月 22 日，武汉大学报告，该校部分毕业班学生应广东人才市场和用人单位邀请，前往广东参加就业面试，其中，个别学生上当受骗，被传销组织非法控制。据了解，这些学生有的陷入传销泥潭不能自拔，有的被传销组织控制无法脱身，有的自身生命安全受到严重威胁。目前，有关省教育厅、公安厅和高等学校已派出人员投入解救工作，公安部门正在组织力量对非法传销组织进行打击。

各省级教育行政部门、公安机关和各高等学校要高度重视非法传销活动对高校学生学习和生活带来的危害，采取切实有效的措施加强学生教育和管理工作，严厉打击非法传销活动，确保学生人身安全和切身利益，维护高校稳定。为此，提出如下要求:

一、针对传销等非法活动，对全体学生进行思想教育和法制教育。传销和变相传销属于经济邪教，其根本目的是非法聚集公众资金，严重扰乱社会秩序和经济秩序。国务院于 1998 年 4 月 18 日发布《关于禁止传销经营活动的通知》，明令禁止各种传销活动。各高等学校要通过教育使学生充分认识到非法传销的欺诈性、隐蔽性和危害性。各地公安机关要主动上门，以讲座等不同的形式向广大学生宣讲传销的非法本质，帮助他们提高识别能力，增强防范意识，自觉抵制各种非法经营活动的诱惑，树立正确的人生观、价值观和艰苦奋斗的精神。

二、各高等学校要密切关注本校学生动态，及时了解和掌握每一个学生的课内课外活动情况。要针对外地实习、外出联系工作学生人数多、地域分散的特点，采取切实可行的措施和办法，随时掌握他们的动向，加强对他们

的教育和管理。

三、各省级教育行政部门要与相应的公安机关建立信息通报制度。非法传销多发地区还应建立教育行政部门与公安机关的联席会议制度，及时沟通情况，统一认识。如发现传销等非法活动要及时报告，配合公安机关及时查处，并有针对性地做好参加过非法传销活动学生的教育、安抚工作，消除不良影响和隐患。对极少数不服从教育管理，多次参加非法传销活动或在非法传销活动中起重要作用的学生，给予适当的纪律处分，性质严重的及时移送公安机关处理。各级公安机关要继续保持严厉打击非法传销活动的态势，适时组织专项斗争，加强案件侦办工作，坚决遏制非法传销猖獗的势头。

四、各省级教育行政部门和高等学校要对本省在校高校毕业生就业市场进行认真清查，严格审查用人单位进入毕业生就业市场的资格，严格规范就业市场。对发现以招聘毕业生为名诱骗学生从事传销的活动组织或个人，要迅速与公安机关联系予以打击。

五、近年来，随着高校办学规模不断扩大，在校学生人数急剧增加，高等学校学生管理面临许多新情况、新问题，工作任务十分艰巨。高等学校要高度重视并大力加强高校学生日常管理，尤其要加强对重点人群（如毕业班学生、实习学生）的管理。不断研究新情况解决新问题，各省教育行政部门和各级公安机关要加强对本地区高等学校学生管理工作和保卫工作的指导与监督，确保高等学校正常的教学秩序、生活秩序和安全稳定。

请各省、自治区、直辖市教育厅（教委）将本通知转发至属地内各高等学校。

参考文献

[1] 赵升文 . 2010. 大学生安全教育[M]. 北京：中国人民大学出版社 .

[2] 庄雷 . 2009. 大学生安全教育[M]. 北京：科学出版社 .

[3] 张密丹 . 2011. 大学生安全教育[M]. 北京：中国轻工业出版社 .

[4] 孔洁 . 2012. 大学生校园安全与职业安全[M]. 北京：中国电力出版社 .

[5] 杨军 . 2010. 大学生安全知识读本[M]. 北京：北京师范大学出版社 .

[6] 椰永华 . 2009. 大学生安全教育读本[M]. 北京：北京理工大学出版社 .

[7] 郭凤安 . 2010. 大学生安全教育[M]. 北京：清华大学出版社 .

[8] 鲍善冰 . 2011. 大学生安全教育[M]. 北京：北京师范大学出版社 .

[9] 李常 . 2013. 大学生安全教育[M]. 北京：国防科技大学出版社 .